Die frechsten Sexwitze

Die frechsten SEX WITZE

tosa

Herausgegeben, zusammengestellt und illustriert
von Reinhard Habeck
Satz und Layout: Der Graph, Wien
Coverentwurf: Joseph Koó

Druck: Ueberreuter Print

Ein Jäger entdeckt in seinem Revier eine schlafende, nackte Schönheit. Es ist ihm peinlich, wie die Schöne so im Evaskostüm vor ihm liegt. Er legt ihr seinen Hut über ihre Scham und geht. Kurze Zeit später kommt eine Pilzsammlerin vorbei, sieht die Nackte und sagt: „Also ich hab's in meiner Jugend auch verdammt wild getrieben, aber dass von einem Kerl nur noch der Hut rausguckt, hab' ich noch nicht erlebt."

Dr. Sommer:
„Ein Hundehalter hat seinem Tier eine Pille Viagra verabreicht. Folge: Der arme Hund hat vier Stunden lang Männchen gemacht ..."

In der Disco.
Ein junger Mann sieht ein Mädchen im Rollstuhl, sie tut ihm Leid und er fragt, ob sie mit ihm tanzen will. Das Mädchen ist erfreut und er schiebt sie mit dem Rollstuhl ein wenig auf der Tanzfläche herum. Die beiden haben einen schönen Abend und er bietet ihr an, sie nach Hause zu fahren. Auf der Fahrt wird die Situation intimer, sie küssen und schmusen. Für Sex ist es aber im Auto zu eng, da sagt das Mädchen, sie würde da an einer stillen Ecke einen Zaun kennen. Dort könnte er sie dranhängen und sie könnten dann das machen, was alle machen.
Gesagt, getan. Nach dem Akt packt er sie wieder ins Auto und fährt sie nach Hause. Dort klingelt er. Das Mädchen sitzt noch im Auto. Die Mutter von dem Mädchen öffnet und der junge Mann sagt artig: „Guten Abend, gnädige Frau, ich bringe Ihre Tochter nach Hause."
„Oh, das ist aber nett, junger Mann", antwortet die Mutter, „die anderen lassen sie immer am Zaun hängen."

Wussten Sie schon ...
... dass man Penis und Hoden auch als Sack und Pack bezeichnen kann?

„Okay“, sagte der Interessent, „vermutlich werde ich diesen Bauernhof kaufen. Aber dort am Zaun, diese Bienenstöcke; ist das nicht gefährlich?“ – „Nein“, sagte der Bauer, „die sind völlig ungefährlich. Ich wette mit Ihnen, wenn ich Sie hier nackt anbinde und mit Honig einschmiere, und auch nur eine Biene tut Ihnen etwas zu Leide, bekommen Sie den Hof umsonst!“ Und so ließ sich der Interessent auf dieses ungewöhnliche Experiment ein ... Am Abend kam der Bauer wieder, der nackte, honigbeschmierte Mann hing völlig fertig in den Seilen. „Um Gottes willen“, rief der Bauer, „haben die Bienen Ihnen etwas angetan?“ „Nein“, sagte der Interessent, „das ist es nicht. Aber hat das Kälbchen denn keine Mutter?“

Werner und Karl sind in einer Galerie. Dort stehen sie vor einem Gemälde, auf dem sich gerade eine Frau an – oder auszieht. Da fragt Werner: „Hör mal, Karl, was meinst du - zieht sich die Frau gerade an oder aus?“
Sie überlegen und überlegen. Da sagt Karl nach einem Geistesblitz: „Ist doch klar, die zieht sich gerade an.“
„Warum bist du dir da so sicher?“
„Da steht doch: ‚Nach einem Stich von Rembrandt.‘“

Otto und Olga sind mit dem Auto unterwegs. Olga: „Oh, Otto, lass uns hier nicht parken ... Oh, Otto, lass uns hier nicht ... Oh,

ICH SCHWÖRE,
DU BIST WIRKLICH
MEIN ERSTER MANN...
...ZUMINDEST HEUTE ABEND!
HABECK

Otto, lass uns hier ... Oh, Otto, lass uns ... Oh, Otto, lass ... Oh, Ottooo ... oohhhhh ...“

Es ist doch besser, eine Frau zu sein ...
... weil du dann deine Nahrung selbst zubereiten kannst.

Es hat doch Vorteile, ein Mann zu sein ...
... weil du dann keine Tasche mit unnötigen Dingen mit dir herumschleppst.

Sex-Quiz: Woran erkennt man den Unterschied zwischen Geschenken eines Mannes, die ehrlich gemeint sind, und solchen, die aus einem schlechten Gewissen gemacht werden?
Richtige Antwort: Geschenke aus schlechtem Gewissen sind schöner.

Frauen lieben Schokolade manchmal mehr als einen Mann ...
... weil man von Schokolade nicht schwanger werden kann.

Männer lieben Bier manchmal mehr als eine Frau ...
... weil man ein Bier mit Freunden teilen kann.

Es spricht nicht gerade für die Männer ...
... dass sie kein Selbstbewusstsein haben, sonst würden sie nicht dauernd sagen: „Du bist zu gut für mich.“

Tierschützerin Sabine Strohsack hat einen guten Grund, das Leben lieber mit einer Miezekatze zu verbringen als mit einem Mann. Tierisches Argument: Katzen interessieren sich für Wäsche – sie hocken stundenlang vor der Trommel.

Dingsbums-Vers:
Wenn der grüne Kobold dreimal keucht,
dann wird die Waldfee ganz schön feucht.
Vor Erregung wird sie munter
und der grüne Kobold holt sich einen runter!

Rotkäppchen geht durch den Wald. Plötzlich kommt der Wolf aus dem Gebüsch gesprungen und brüllt: „Ich fresse dich jetzt!"
Rotkäppchen: „Oh, verdammt!"
Wolf: „Also gut, weil du's bist: Bevor ich dich aufmampfe, hast du noch drei Wünsche frei. Also?"
Rotkäppchen: „Schön. Weißt du, ich hab in meinem Leben null Sex gehabt. Würdest du, ich meine, könntest du ...?"
Wolf: „Na klar." Gesagt, getan. Danach fragt der Wolf: „So, und was ist dein zweiter Wunsch?"
Rotkäppchen: „Ach, das war so schön, wollen wir es nicht noch mal versuchen?"
Wolf: „Wenn's denn unbedingt sein muss, okay!" Gesagt, getan. Danach keucht der Wolf: „Huch, jetzt noch schnell dein letzter Wunsch, ich bekomme langsam ziemlichen Hunger!"
Rotkäppchen: „Ahem, du warst unheimlich toll, wollen wir ..."
Wolf: „Oh nein! Nicht noch mal!"
Rotkäppchen: „Ich hab doch noch einen Wunsch frei, versprochen ist versprochen!"
Hechelt der Wolf: „Na dann ..."

Aber das war zuviel für den Wolf, noch ehe Rotkäppchen kommt, geht der Wolf auf Nimmerwiedersehen ...
Kommt der Jäger vorbei und rügt das Rotkäppchen: „Rotkäppchen, Rotkäppchen! Das ist schon der dritte Wolf in dieser Woche!"

Kurz, blöd und dingsbums: Treffen sich zwei, der eine kommt nicht.

Wussten Sie schon ...
... dass die Frau von Herkules Fraukules hieß?

Sitzt ein Ehepaar auf der Terrasse.
Fragt er: „Wollen wir heiraten?" Sie steht auf, geht in den Keller, kommt zurück und schlägt den Mann mit einem Hammer auf den Kopf.
Sagt er: „Aah! Hammerhai!"

Karl: „Kennst du die Steigerung von imposant?"
Werner: „Nö ...!"
Karl: „Im Po Sand, im Hintern Steine, im Arsch Geröll!"

Im Schlafabteil eines Zuges: Ein junges Paar ist auf dem oberen Bett intensiv miteinander beschäftigt, ein älterer Herr liegt im

unteren Bett. Minutenlanges Hin und Her des Paares um die Frage, wie der im Entstehen befindliche Sprössling heißen soll. Schließlich Übereinkunft: Engelbert.
Rums, Zug ist entgleist, Licht aus, alle aus den Betten gefallen.
Sie: „Schatz, wo bist du?"
Er: „Hier unterm Fenster – und du?"
Sie: „An der Türe ..."
Alter Herr: „... und euer Engelbert hängt mir an der Backe!"

Sex-Quiz:
Was ist eine weiche Banane?
Richtige Antwort: Der Penis eines alten Mannes.

Wussten Sie schon ...
... dass man Selbstbefriedigung auch unter der Bezeichnung Alleinunterhaltung kennt?

Der Knecht ist in die Magd verschossen, aber die will nicht. Der Knecht lässt sich jedoch nicht entmutigen und denkt sich eine List aus. Auf einem Spaziergang erzählt er der Magd: „In diesem Gebüsch hier wohnt der Gehirnpicker!"
„Was ist denn ein Gehirnpicker?"
„Das ist ein kleiner, gefährlicher Vogel, der sich auf den Kopf setzt und das Gehirn herauspickt. Wenn der Gehirnpicker kommt, musst du dich auf den Boden legen und den Rock über den Kopf ziehen!"
Die Magd ist nach dieser Mitteilung sichtlich schockiert.
Als sie das nächste Mal an dem Gebüsch vorbeikommen, ruft der Knecht: „Achtung, der Gehirnpicker!", woraufhin sich die Magd auf den Boden wirft und den Rock über den Kopf zieht.
Da fällt der Knecht über sie her. Sie herausfordernd: „Pick nur, pick nur, bis zum Gehirn kommst du eh nicht!"

Die Ehefrau schwelgt in Erinnerungen:
„Weißt du noch, Klaus, es war eine tolle Gewitternacht, als wir uns das erste Mal begegnet sind!"
Daraufhin der Ehemann resigniert:
„Ja, leider habe ich damals das Zeichen des Himmels nicht verstanden!"

Läuft einer in Unterhose den Strand entlang, ruft ihm ein anderer zu: „He, du hast deinen Slip verkehrt herum an!"
„Wie, den Schlitz hinten?"
„Nein, das Braune außen."

Was man beim Bettgeflüster vermeiden sollte ...
... zu sagen: „Denk dir nichts dabei, ich lackiere meine Nägel immer im Bett."

Eine Buschexpedition im Urwald beobachtet, wie sich die Buschmänner auf einer Lichtung an Nashörnern befriedigen. Auf der nächsten Lichtung dasselbe Bild: Buschmänner und Nashörner. Nun ja, denken sich die Expeditionsteilnehmer, wird schon was dran sein – müssen wir auch mal probieren! Zum Glück: Auf der nächsten Lichtung stehen die Nashörner alleine – keine Buschmänner weit und breit. – „Also schnell ran!"
Auf einmal Gelächter ringsum. Überall stehen Buschmänner und lachen sich halb tot. Gekränkt fragt der Expeditionsführer nach dem Grund, warum alle lachen – sie würden sich doch selbst an den Nashörnern vergehen. Darauf einer der Buschmänner: „Aber doch nicht an den hässlichen!"

Sex-Quiz:
Warum hat der Weihnachtsmann keine Kinder?
Richtige Antwort: Weil er durch den Kamin kommt ...

Der Weihnachtsmann sieht ein nacktes Mädchen auf dem Sofa liegen und denkt sich: Tue ich's, komme ich nicht wieder in den Himmel. Tue ich's nicht, komme ich nicht wieder durch den Kamin ...

Herzlose Männer meinen, ein Computer sei besser als eine Frau ...
... weil Computer nicht beim Lesen oder Fernsehen stören.

Meier beobachtet, wie der Bauer den Stier zum Decken bringt. Der Stier will nicht so richtig, da packt der Bauer der Kuh zwischen die Hinterbeine, zieht seine Hand einmal durch und fährt dem Stier mit der schleimigen Hand über die Nase. „Muuuuuuuh“, brüllt der Stier, bekommt große Augen und stürzt sich auf die Kuh.
„Oh“, sagt Meier, „der ist ja auf einmal ganz spitz geworden!“
„Klar“, antwortet der Bauer.
„Geht das auch bei Menschen, meine Frau beschwert sich, dass ich immer so lustlos bin.“
„Aber sicher“, sagt der Bauer, „greifen Sie Ihrer Frau in den Schritt, und schmieren Sie sich die Hand durchs Gesicht, dann werden Sie so wild wie dieser Stier!“
Meier fährt nach Hause, seine Frau liegt im Bett und liest. Er reißt ihr die Decke weg und den Slip vom Leib, greift in ihren

Schritt, schmiert sich mit der Hand durchs Gesicht, spürt seine Erregung und ruft: „Schnucki! Ich bin auf dich wild wie ein Indianer!"
„Ja", lacht sie auf, „so siehst du jetzt im Gesicht auch aus ..."

Kommt ein Cowboy mit seinem Pferd in einen Salon, trinkt einen Whisky und wendet sich dann an die Runde: „Mein Pferd ist in letzter Zeit so traurig. Ich biete demjenigen, der es wieder zum Lachen bringt, 50 Dollar." – „Kein Problem", meint der Barkeeper, geht zum Gaul und flüstert diesem etwas ins Ohr. Das Pferd wiehert los und kann sich vor Lachen kaum noch halten. Der Cowboy ist zufrieden, bezahlt den Barkeeper und reitet auf seinem lachenden Pferd davon.
Eine Woche später kommt der Cowboy mit seinem Pferd wieder zum Salon. Der Gaul sieht den Barkeeper und fängt laut an zu lachen. Der Cowboy wendet sich wieder an die Runde: „So geht das jetzt schon die ganze Woche. Alle paar Minuten wiehert mein Pferd los. Ich biete demjenigen, der es von seinen Lachanfällen kuriert, 50 Dollar." – „Kein Problem", erwidert der Barkeeper, nimmt die Zügel des Gauls und verlässt mit ihm den Salon. Als sie 5 Minuten später wieder zurückkehren, ist das Pferd sehr traurig. Der Cowboy bezahlt den Barkeeper, will aber auch wissen, was er mit dem Pferd angestellt habe. Der Gefragte erklärt: „Ach, ganz einfach. Beim ersten Mal hab ich ihm ins Ohr geflüstert, dass ich einen längeren Schwanz hätte. Beim zweiten Mal haben wir draußen nachgemessen."

Ein Cowboy trifft einen Indianer mit einem Hund, einem Pferd und einem Schaf.
Cowboy: „Darf ich mal mit deinem Hund reden?"

Indianer: „Hund kann nicht reden."
Cowboy: „Hallo, alter Hund, wie geht's denn so?"
Hund: „Oh, mir geht's gut, mein Herr behandelt mich gut, füttert mich, geht zweimal pro Tag mit mir aus ..."
Der Indianer schaut ganz erstaunt.
Cowboy: „Aha, darf ich mal mit deinem Pferd reden?"
Indianer: „Pferd kann nicht reden."
Cowboy: „Hallo, altes Pferd, wie geht's denn so?"
Pferd: „Och, mir geht's super! Mein Herr behandelt mich gut, reibt mich trocken, füttert mich ... "
Der Indianer ist noch erstaunter.
Cowboy: „Kann ich mal mit deinem Schaf reden?"
Indianer: „Schaf lügt ..."

Wussten Sie schon ...
... dass man Selbstbefriedigung auch unter der Bezeichnung Eigenbau kennt?

Aus der Wunderwelt der Tiere: „999 ... 1000 ... 1001 ... – Liebling", jubelt der Tausendfüßler, „es ist ein Junge!"

Sex-Quiz:
Wie nennt man einen Liliputaner mit 20 Kindern?
Richtige Antwort: Einen Fruchtzwerg!

Der Ritter von der Kokosnuss reitet auf seinem prächtigen Streitross durch den Wald. Plötzlich macht es „puff" und eine gute Fee steht vor ihm.
Fee: „Ja, mein lieber Ritter: Jetzt hast du drei Wünsche frei!"
Ritter: „Ich hätte nur einen und den dreimal hintereinander."

Fritzchen: „Mutti, Mutti, darf ich mit deinem Busen spielen?"
Mutti: „Ja, aber geh nicht zu weit raus!"

Ein Bauer kauft sich ein neues Potenzmittel. Da er dem Ganzen nicht so richtig traut, füttert er zuerst den Hahn damit. Dieser pickt es gierig auf, hält kurz inne ... doch dann geht es los.
Zuerst bumst er alle Hühner, danach die Ziegen, die Schafe, nochmals die Hühner, läuft rüber zum Nachbarhof, dort dasselbe Spielchen noch einmal. Plötzlich liegt er am Boden und rührt sich nicht mehr. Der Bauer geht zu ihm hin und meint: „Armer Gockel! Hast dich wohl überanstrengt!"
Darauf öffnet der Hahn ein Auge, zeigt mit einem Flügel nach oben und flüstert: „Pssst! Habicht!"

Männer lieben Bier manchmal mehr als eine Frau ...
... weil dich selbst ein eiskaltes Bier gewähren lassen wird.

Sex-Quiz:
Was ist rot und liegt in der Wüste?
Richtige Antwort: Eine Trockenperiode.

Ein Bauer hat einen abgelegenen Hof hoch oben in den Bergen. Bei der Feldarbeit kriegt er plötzlich eine mordsmäßige Erektion. Da er ziemlichen Druck verspürt, braucht er dringend irgendetwas, um sich abzureagieren. Pech ... die Kühe sind auf der Weide, eine Frau oder Magd hat er nicht, mit der Hand will er nicht ... was also tun?
Da fällt ihm seine alte Haushälterin ein. Der Haken bei der Sache: der guten Frau ist in jungen Jahren ein Trecker über die Beine gerollt, deshalb hat sie zwei Holzbeine. Egal – er schnappt

Ohne Worte

sich die Haushälterin, zerrt sie in die Scheune ins Heu und fällt über sie her.
Zur gleichen Zeit kommen zwei ziemlich erschöpfte Wanderer des Weges. Sie beschließen in der Scheune des Bauern zu übernachten. Der eine geht in die Scheune, um sich umzusehen, der andere wartet draußen. Plötzlich kommt sein Kumpel aus der Scheune gerannt: „Schnell fort von hier, hier wohnt ein Irrer! Der bumst gerade eine Schubkarre!"

Frauen können bei Männern Pluspunkte sammeln ...
... wenn sie ihm nichts von ihrem positiven Schwangerschaftstest erzählt, bis zur 13. Woche.

Der Bauer hat für seinen Hühnerhof einen jungen Hahn gekauft. Der alte Hahn weist ihn ein: „Du kannst alle Hennen haben bis auf die Berta. Die gehört mir!"
Selbstbewusst tönt darauf der junge Gockel: „Nix da, ich will alle!" – „Dann lass uns einen Wettlauf zum Misthaufen machen, der Sieger bekommt alle Hennen."
Die beiden Hähne rennen los.
Der ältere liegt vorne, aber als sie den Hof zur Hälfte überquert haben, legt sich der junge mächtig ins Zeug und rückt ganz dicht auf. Plötzlich knallt es und der junge Hahn fällt tot um.
Der Bauer nimmt sein Gewehr von der Schulter und meint verwundert: „Komisch, schon der dritte schwule Hahn in dieser Woche!"

Sex-Quiz:
Was macht ein schwuler Frosch im Rumtopf?
Richtige Antwort: Er schmeißt die Pflaumen raus.

Geht ein Jäger in den Wald, sieht einen Bären. Er schießt. Doch als sich der Pulverdampf lichtet, ist kein Bär mehr da! Da klopft es ihm von hinten auf die Schulter. Er dreht sich um und da steht der Bär. „Bums mich durch oder ich fresse dich", sagt der Bär.
Der Jäger weiß nicht, was er tun soll, und bumst den Bären durch. Wütend rennt er nach Hause und packt sein gesamtes Waffenarsenal zusammen, rennt dann wieder zurück in den Wald. Er sieht den Bären und schießt. Doch als sich der Pulverdampf lichtet, ist kein Bär mehr da! Da klopft es ihm von hinten auf die Schulter. Er dreht sich um ... und da steht der Bär. „Bums mich durch oder ich fresse dich", sagt der Bär. Der Jäger weiß nicht, was er tun soll, und bumst den Bären noch einmal durch.
Total durchgedreht und fuchsteufelswild vor Zorn braust der Jäger nach Hause. In der Nacht stiehlt er im Bundeswehrdepot eine Panzerfaust, rennt in den Wald, sieht den Bären und schießt. Doch als sich der Pulverdampf lichtet, ist kein Bär mehr da! Da klopft es ihm von hinten auf die Schulter. Er dreht sich um ... und da steht der Bär und fragt: „Sag mal, bist du schwul?"

Pantoffelheld Sepp Doderl: „Heute Nacht hatte ich einen total realistischen Traum! Ich habe geträumt, dass ich mit Jennifer Lopez mein Schlafzimmer tapeziert habe! Und als ich aufgewacht bin, hatte ich immer noch Kleister an der Hand!"

Fragt ein Bauer den anderen:
„Hör mal, als dein Eber nicht mehr auf die Sau wollte, welches Mittel hat der Tierarzt dann verschrieben? Das soll doch so toll gewirkt haben!"
Der Nachbarbauer: „Keine Ahnung, weiß ich wirklich nicht mehr."

Und nach Sekunden des Nachdenkens:
„Ich kann dir nur sagen, dass es nach Pfefferminz schmeckte ...“

„Warum sind denn in dieser Bar alle Hocker nummeriert?“, will ein Gast von seinem Nebenmann wissen.
„Der Keeper dreht alle halbe Stunde am Roulette. Und wenn die Zahl des Hockers kommt, auf dem man sitzt, darf man im ersten Stock bei einer wilden Orgie mitmachen.“
„Mensch, das ist ja super! Und warum machen Sie dann so ein mürrisches Gesicht?“
„Meine Nummer kommt und kommt nicht. Aber meine Verlobte ist gerade zum vierten Mal oben.“

Karl: „Meine Frau raucht immer, wenn ich mit ihr schlafe.“
Werner: „Mann, bist du aber schnell.“

Schweinereien überall, wenn man bedenkt: Wer fremdgeht, ist ein Schwein. Wer mehrmals fremdgeht, ist ein Meerschwein. Wer viel fremdgeht, ist ein Wildschwein. Wer sich erwischen lässt, ist ein dummes Schwein. Wer sich nicht erwischen lässt, ist ein Glücksschwein. Wer nur eine hat, ist ein Sparschwein. Wer keine hat, ist ein armes Schwein. Wer darüber spricht, ist ein Dreckschwein. Wer immer zu Hause bleibt, ist ein Hausschwein. Wer unrasiert fremdgeht, ist ein Stachelschwein. Wer an fremden Brüsten knabbert, ist ein Warzenschwein. Wer sich selbst verrät, ist ein blödes Schwein. Wer fremdgeht und Kinder zeugt, ist ein Zuchtschwein. Wer mehrmals kann, ist ein Superschwein. Und wer nicht mehr kann, ist ein Schlachtschwein!

Männer lieben Bier manchmal mehr als eine Frau ...
... weil ein Bier nie lügt.

Wussten Sie schon ...
... dass man Selbstbefriedigung auch unter der Bezeichnung Schnellhilfsdienst kennt?

Zwei befreundete Ehepaare machen gemeinsam einen FKK-Urlaub. Eines Tages schlendert eine der Frauen am Strand entlang, als sie plötzlich den Mann ihrer Freundin vor sich liegen sieht. Der liegt auf dem Rücken und schläft. Über das Gesicht hat er sich eine Zeitung gelegt. Da fällt ihr auf, dass der Gute eine Erektion hat. Weil ihr das ein bisschen peinlich ist und sie ihren Bekannten nicht so daliegen lassen will, nimmt sie ihm die Zeitung vom Gesicht, deckt damit sein Glied ab und geht weiter. Einige 100 Meter weiter trifft sie ihre Freundin und spricht: „Du, Erika. Da hinten liegt dein Mann. Lauf mal schnell rüber, es steht was für dich in der Zeitung!"

Sex-Quiz: Wann würde Viagra wirklich Sinn machen?
Richtige Antwort: Wenn man es den Männchen einer vom Aussterben bedrohten Tierart gibt.

Ein Ehepaar sieht auf dem Markt einen Stand mit seltsamen exotischen Früchten.
Lange starrt der Mann auf das Schild mit dem Aufdruck „Import".
Die Marktfrau erklärt: „Die werden eingeführt."
„Siehst du", sagt der Mann zu seiner Frau, „du hättest sie natürlich gegessen."

Wussten Sie schon ...
... dass der Orgasmus deshalb da ist, damit auch die Italiener wissen, wann Schluss ist?

Alte Bauernregel:
Hat die Magd einen in der Krone, geht sie auch mal oben ohne.

Herzlose Männer meinen, ein Computer sei besser als eine Frau ...
... weil Computer keine Migräne haben.

Männer lieben Bier manchmal mehr als eine Frau ...
... weil ein Bier keinen Unfall mit deinem Auto machen kann.

Geht ein junges Pärchen über eine Wiese. Plötzlich landet direkt vor ihnen ein Ufo und zwei grüne Wesen, ein Männchen und ein Weibchen, steigen aus. Nachdem sich die vier einige Zeit angeregt unterhalten haben, meint der männliche Außerirdische: „Wir können ja mal einen Partnertausch machen."
„Ja, warum nicht?", meinen alle. Der Mann geht also mit dem grünen Mädchen hinter den Busch, sie verschwindet mit dem grünen Typ hinter einem Baum. Das grüne Männchen zieht sich aus und die Frau guckt enttäuscht auf den Stummel zwischen seinen Beinen: „Wie, das ist alles?"
„Mooooment!", sagt der Außerirdische, dreht einmal an seinem linken Ohrläppchen und schon wird das Ding länger und länger ...
„Na ja", sagt sie, „aber ein wenig dünn ist er ja noch immer!"

„Mooooment!“, sagt der Sternenboy wieder, dreht am rechten Ohrläppchen und das Teil wird immer dicker ...
Später trifft sich das Pärchen wieder. „Na, wie war's bei dir?“, fragt der Mann.
„Waaahnsinn!“, meint sie. „Und bei dir?“
Darauf der Mann: „Ich fand es höchst langweilig. Die hat mir die ganze Zeit nur an den Ohren rumgespielt!“

Es ist doch besser, eine Frau zu sein ...
... weil du dann einmal im Monat ohne Angabe von Gründen so richtig zickig sein kannst.

Es hat doch Vorteile, ein Mann zu sein ...
... weil dir dann in der Werkstatt alles gehört.

Sex-Quiz:
Was haben Männer und das Wetter gemeinsam?
Richtige Antwort: Es ist nicht möglich, sie zu ändern.

Frauen lieben Schokolade manchmal mehr als einen Mann ...
... weil Schokolade keine Mutter hat.

Männer lieben Bier manchmal mehr als eine Frau ...
... weil ein Bier immer feucht ist.

Petra denkt sich: „Die meisten Männer haben nichts im Kopf“

und fragt dann ihren Freund Gerhard: „Was denkst du dir gerade?“ Antwortet dieser: „Nichts, wieso?“

Es spricht nicht gerade für die Männer ...
... dass sie an den G-Punkt glauben.

Tierschützerin Sabine Strohsack hat einen guten Grund, das Leben lieber mit einer Miezekatze zu verbringen als mit einem Mann.
Tierisches Argument: Katzen können durch Kastrieren vom Streunen abgehalten werden.

Dingsbums-Vers:
Frau Igel reitet auf ’nem Hasen,
Frau Elster will Herrn Fuchs ’nen blasen,
und Hoppelpop wird vom Wolf geknallt,
es lebe unser Märchenwald!

Wussten Sie schon ...
... dass man Selbstbefriedigung auch unter der Bezeichnung Selbstaufopferung kennt?

Reporter: „Was halten Sie von Sex am Arbeitsplatz?“
„Nichts, ich bin Schaufensterdekorateur ...“

Harald Schmidt oder Franz Frauenfeind: „Morgen ist Weltfrauentag. Wir sollten unsere Frauen öfter verwöhnen und morgens vielleicht mal sagen: ‚Schlaf noch ein bisschen weiter – ich habe den Kaffee ans Bett gebracht! – Du musst ihn nur noch mahlen.“

Bernd hat zum ersten Mal eine Freundin. Er liegt neben ihr im Bett, aber sie stellt sich noch immer ziemlich zickig an. „Ach, Mann, nix darf ich machen, darf ich wenigstens meinen Finger in deinen Bauchnabel stecken?“
„Meinetwegen!“
Plötzlich ruft sie: „Bernd, das ist aber nicht mein Bauchnabel.“
„Äh ... hüstel ... das ist auch nicht mein Finger!“

Es war einmal ein junges Pärchen, das hatte einen Sohn geboren. Die Freude war groß und man hatte viel Spaß daran, den Junior heranwachsen zu sehen. Nur eines störte das Paar, der Sohn wollte nicht reden. Na, dachten sie, die einen eher, die anderen später. Und dann, als zu Weihnachten die ganze Familie mit Oma, Opa, Tante, Onkel und dergleichen mehr zusammensaß, sagte der Junior plötzlich: „Opa.“
Die tiefe Enttäuschung, dass das erste Wort nicht Mama oder Papa war, wurde von der Freude, dass er überhaupt etwas sagte, überspielt. Aber am nächsten Tag starb der Opa. Die Zeit ging ins Land, als der Junior dann nach einigen Monaten plötzlich „Oma“ sagte. Auch sie starb am nächsten Tag.
Als der Junior nach geraumer Zeit „Papa“ sagte, wurde seinem Vater doch etwas mulmig. Am nächsten Tag stand er dann auch ganz vorsichtig auf, fuhr vorsichtshalber mit dem Bus zur Arbeit. Während der Arbeit achtete er tunlichst auf sämtliche Vorsichts-

maßnahmen und fuhr auch mit dem Bus wieder nach Hause. Zu Hause angekommen, empfing ihn seine Frau mit den Worten: „Hallo, Schatz, weißt du, wer heute gestorben ist?“
„Nö!“
„Der Postbote.“

Sex-Quiz: Warum wirft die Operndiva Viagra in das Publikum?
Richtige Antwort: Sie will Standingovations!

Tief im afrikanischen Busch spricht ein junger Kannibale eine hübsche Kannibalin mit den Worten an: „Darf ich Ihnen meinen Arm anbieten, gnädiges Fräulein?“
Verschämt antwortet die Angebetete: „Nein, danke, ich habe schon gefrühstückt.“

Wussten Sie schon ...
... dass es Gleichberechtigung ist, wenn Frauen beim Pinkeln stehen müssen?

In der Hochzeitsnacht hat der Mann keine Lust, obwohl ihn seine Braut drängt, zur Sache zu kommen. Schließlich gibt sie sich geschlagen, als er sie auf die nächste Nacht vertröstet.
Ebenso geschieht es in der zweiten und dritten Nacht, nämlich nichts ...
Am dritten Tag schimpft die Frau: „Wenn du es mit mir nicht gleich machst, dann gehe ich runter auf die Straße und suche mir einen anderen Mann!“
Darauf der Ehemann: „Ach ja, bringst du mir dann bitte auch einen mit ... “

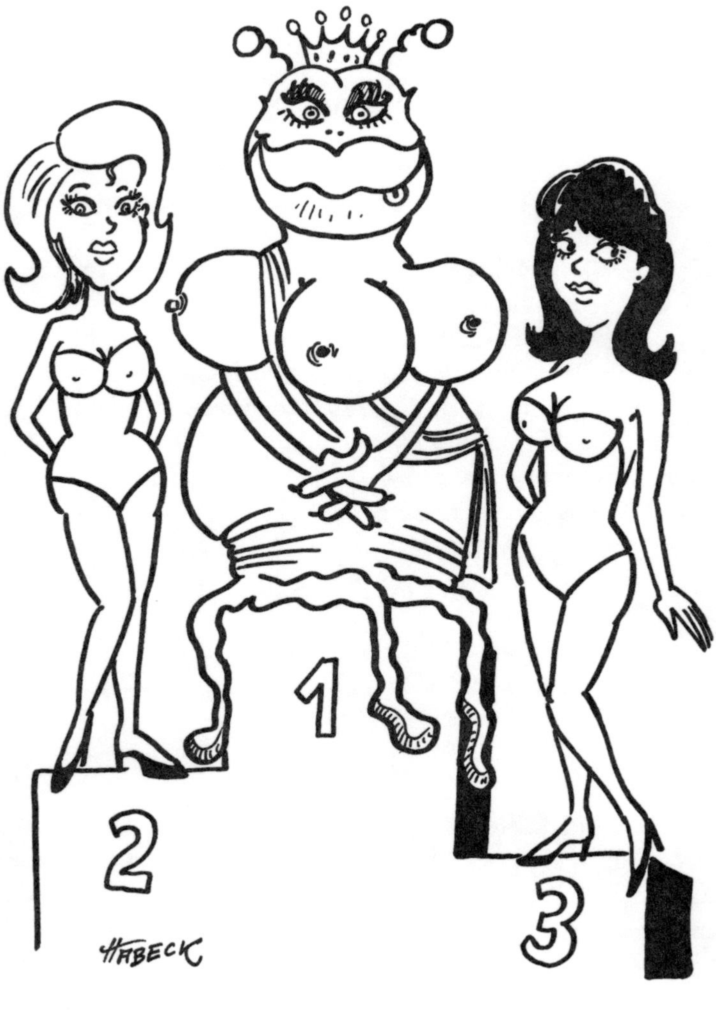
1
2
3
HABECK

Es ist doch besser, eine Frau zu sein ...
... weil du dann Fotos machen kannst, auf denen die Leute Köpfe und Füße haben.

Es hat doch Vorteile, ein Mann zu sein ...
... weil du dann niemals die Toilette reinigen brauchst.

Sex-Quiz: Was ist der Unterschied zwischen einem Mann und einer Geburt?
Richtige Antwort: Das eine kann extrem schmerzhaft und manchmal fast unerträglich sein, während das andere nur der Vorgang ist, ein Kind zu bekommen.

Männer lieben Bier manchmal mehr als eine Frau ...
... weil ein Bier schnell runtergeht.

Es spricht nicht gerade für die Männer ...
... dass sie auf Potenzmittel und Haarwuchsmittel hoffen.

Tierschützerin Sabine Strohsack hat einen guten Grund, das Leben lieber mit einer Miezekatze zu verbringen als mit einem Mann. Tierisches Argument: Katzen schnarchen nicht, sondern schnurren, wenn sie neben uns im Bett liegen.

Dingsbums-Vers: Platzt der Hodensack mit lautem Knall, dann nimm Uhu, der klebt überall.

Ein junger Mann beichtet dem Pfarrer, er habe gegeigt. Das sei keine Sünde, meint der Pfarrer. Ein zweiter Mann beichtet ebenfalls, er habe gegeigt. Und auch ein dritter und ein vierter. Alle entlässt der Seelsorger ohne Buße.
Anschließend beichtet ein junges Mädchen: „Ich habe mich geigen lassen!"
Da stürmt der Seelsorger aus dem Beichtstuhl und brüllt: „Das ganze Streichorchester nochmals zurück zu mir!"

Jennifer Lopez kommt nach Hause und findet 10 Männer in ihrem Schlafzimmer. Sie seufzt: „Ich bin müde, Jungs. Zwei müssen gehen!"

Ein Bauernsohn, nicht mehr ganz taufrisch, soll heiraten. Der Vater sagt: „Wenn du nicht in einem Jahr eine Frau gefunden hast, nimmst du die Grete."
Der Sohn widerspricht vehement, die sei ihm zu hässlich und zu doof. Aber er findet keine andere und so heiratet er schließlich die Grete. Aber die Gute ist so hässlich. Immer wenn er mit ihr ins Bett will, zieht er ihr eine Mütze über den Kopf.
Eines Tages geht sein bestes Stück – der Traktor – kaputt. Er legt sich darunter und versucht ihn zu reparieren. Grete steht dabei und guckt zu. Da sagt er zu ihr: „Hol mal die Zange."
Sie geht los und brummelt: „Zange holen, Zange holen ..."
Grete kommt zurück und bringt das verlangte Werkzeug. Dann sagt er: „Hol mal die Ölkanne."
Sie geht los und brummelt: „Kanne holen, Kanne holen ..."
Grete kommt mit der Kanne zurück. Dann sagt er: „Bring mir mal einen Schraubenschlüssel."
Sie geht los: „Schlüssel holen, Schlüssel holen ...", und kommt

mit dem Hausschlüssel zurück. Er schreit: „Du bist zu allem zu blöd, sogar zum Bumsen."
Sie geht los: „Mütze holen, Mütze holen ..."

Wussten Sie schon ...
... dass es in Österreich jede Menge eindeutig zweideutige Ortsnamen gibt?
Hier einige der originellsten Beispiele: Bubenland, Busendorf, Fucking, Gruft, Hölle, Hühnergeschrei, Im Himmelreich, In der Wüste, Kochlöffel, Kotzendorf, Mösendorf, Nest, Pfannenstiel, Scherzboden, Schweinern, Strohsack, Teufelsgraben, Vierzehn, Vogelhütte, Zipfel.

Sex-Quiz: Was versteht man unter Penisneid?
Richtige Antwort: Das Verlangen, schrumpelig und klein sein zu wollen.

Für Emanze Konstanze ist eine Gurke besser als ein Mann ...
... weil eine Gurke nicht den Kühlschrank leert, frisst und Alkohol säuft.

Männer lieben Bier manchmal mehr als eine Frau ...
... weil man Bierflecken auswaschen kann.

Meier geht zu seinem Hausarzt, der als neueste Errungenschaft einen hypermodernen Diagnosecomputer aus den USA angeschafft hat.
Arzt: „Nun, Herr Meier. Hier haben Sie ein Teströhrchen. Ich

brauche jetzt eine Urinprobe von Ihnen und dann werden wir gleich feststellen, was Ihnen fehlt."
Meier gibt die Urinprobe ab. Der Arzt schüttet alles in den Computer. Der Computer rechnet kurz und unten kommt ein Zettel heraus.
Darauf steht: „Der Patient hat einen Tennisarm!"
Meier wird sofort hochrot im Gesicht und fängt an zu brüllen: „Was soll ich haben? Einen Tennisarm? Ich habe noch nie einen Tennisschläger in der Hand gehabt ... neuartiger Blechtrottel!"
Arzt: „Aber nun beruhigen Sie sich doch, Herr Meier. Ich verstehe das zwar auch nicht, denn der Computer hat sich noch nie geirrt ... aber ich gebe Ihnen noch ein Röhrchen mit nach Hause. Heute Abend, nach dem Abendessen, brauchen wir dann die Urinprobe und morgen früh kommen Sie noch einmal vorbei."
Der Mann nimmt das Röhrchen und geht nach Hause.
Unterwegs denkt er sich: Na warte ... dem werd ich helfen! Von wegen Diagnosecomputer!
Zu Hause angekommen lässt er seinen Hund Waldi ins Röhrchen pinkeln, die Ehefrau, die Tochter – und zum Schluss gibt er noch selbst ein paar Tropfen ab.
Am nächsten Tag geht er wieder zum Arzt und freut sich ...
Arzt: „Ah, guten Morgen, Herr Meier. Na, dann schauen wir mal."
Der Arzt geht wieder zum Computer, schüttet die Urinprobe hinein, der Computer rechnet und die Auswertung wird ausgedruckt. Der Arzt liest es – schüttelt mit dem Kopf und meint: „Also jetzt glaube ich auch, dass der Computer überholt werden muss ... "
Patient Meier: „Wieso? Was steht denn heute drauf?"
Arzt: „Nun ja, hier steht, dass Ihre Frau in den Wechseljahren ist, Ihr Dackel ist läufig, Ihre 15-jährige Tochter ist im dritten Monat schwanger ... und darunter steht noch: Wenn der Alte nicht mit dem Onanieren aufhört, wird es mit dem Tennisarm auch nicht besser!"

Sex-Warnung:
Sex auf Französisch kann jeder! Aber was ist Sex auf Italienisch? 30 Sekunden Vorspiel, 55 Sekunden Orgasmus und 4 Stunden Herumerzählen, wie gut man war!

Ein Mann möchte mit seiner Frau, die im 6. Monat schwanger ist, endlich wieder mal schlafen. Widerwillig fügt sie sich. Nach der Geburt erwarten die Hebamme und der Arzt, dass das Kind schreit. Stattdessen fragt es den Arzt: „Bist du mein Vater?"
Der Arzt ist überrascht, dass das Kind schon sprechen kann, und sagt: „Nein, ich bin nicht dein Vater."
In der Säuglingsstation fragt das Kind später den Pfleger: „Bist du mein Vater?"
Auch der Pfleger ist überrascht und sagt: „Nein, ich bin nicht dein Vater."
Das Kind ist enttäuscht. Nach ein paar Stunden sieht der wirkliche Vater das Kind. Das Kind fragt also auch ihn: „Bist du mein Vater?" Der Vater sagt verdattert: „Ja, ich bin dein Vater" und beugt sich zum Kind hinunter. Da ballt das Kind die Hand zur Faust, hämmert diese dem Vater mehrmals gegen die Stirn und sagt: „Sag mal, hast du das auch gerne?"

Herzlose Männer meinen, ein Computer sei besser als eine Frau ...
... weil Computer nicht in Panik geraten, wenn man sie eine Woche lang nicht benutzt.

Die hübsche Uschi ruft nach der Untersuchung beim Frauenarzt an: „Herr Doktor, habe ich bei Ihnen vielleicht meinen BH liegen lassen?" Der Arzt sieht nach und sagt: „Tut mir Leid, hier ist Ihr BH nicht." – „Entschuldigen Sie bitte, Herr Doktor. Dann muss ich ihn wohl beim Zahnarzt vergessen haben ..."

Sex-Quiz: Was ist das Wichtigste bei einem Mann: Charakter, Geld oder Haut?
Richtige Antwort: Die Haut! Sonst müsste er seine Eier in einer Plastiktüte tragen.

Fragt die alte, sehr reiche Dame den Schönheitschirurgen: „Könnten Sie bei mir auch einige Eingriffe vornehmen?"
Der Arzt betrachtet sie einige Zeit und meint dann: „Leider nein, Enthauptungen sind in unserem Lande verboten."

Wussten Sie schon ...
... dass man Selbstbefriedigung auch unter der Bezeichnung Selbstentzündung kennt?

Der junge Scheich betrachtet durch die Glaswand die Babys auf der Entbindungsstation.
Fragt die Schwester: „Hoheit, welches ist Ihr Kind?"
„Die ersten zwei Reihen."

Daniel zu seinem Freund:
„Was ist denn mit deiner süßen kleinen Freundin, der Mathematikerin?"
„Die habe ich verlassen ... ich rufe sie an, da erzählt sie mir, dass sie im Bett liegt und sich mit drei Unbekannten herumplagt ..."

Streng geheim: Jetzt kommen endlich die Kondome für Beamte ... mit eingebautem Bewegungsmelder.

Sitzen drei Blondinen zusammen in einem Raum und unterhalten sich. Sagt die erste: „Mann, mein Freund hat mir ein Tagebuch geschenkt, aber ich kann doch nicht schreiben."

Meint die zweite: „Das Gefühl kenn ich. Mein Freund wollte mich mit einem Buch überraschen, doch ich kann nicht lesen."

Weiß die dritte: „Mann, das sind aber doch alles nur kleine Geschenke. Mein Freund hat mir einen Deo-Roller geschenkt, und ich habe gar keinen Führerschein ..."

Wussten Sie schon ...

... dass es in Deutschland jede Menge eindeutig zweideutige Ortsnamen gibt?

Hier einige der originellsten Beispiele: Geilsdorf, Schwarze Pumpe, Poppendorf, Poppenhausen, Vögelsen, Sörgenloch, Deizisau, Stutensee, Kumhausen, Feucht, Puschendorf, Rohr, Möser, Cremlingen, Busendorf, Wixhausen, Geilenkirchen, Sexau, Busenhausen, Tittenkofen, Fickmühlen, Venusberg, Hodenhagen, Tuntenhausen.

Eine Brünette, eine Rothaarige und eine Blondine gehen in eine Bar.

Brünette: „Ich will ein B und C."

Barkeeper: „Was ist das?"

Brünette: „Bourbon und Cola."

Rothaarige: „Und ich will ein G und T."

Barkeeper: „Was ist ein G und T?"

Rothaarige: „Gin und Tonic."
Blondine: „Ich will ein 15."
Barkeeper: „Was ist ein 15?"
Blondine: „7 und 7!"

Sex-Quiz: Was ist der Unterschied zwischen einer Prostituierten und einem Mann?
Richtige Antwort: Die Prostituierte hat mehr Sperma in sich.

Eine sehr attraktive junge Dame kommt in die Apotheke und sieht in der Ecke eine Waage stehen. Sie bezahlt 50 Cent und schreit entsetzt auf. Rasch bezahlt sie noch mal 50 Cent, legt Mantel und Hut ab, und wiegt sich von neuem. Großes Entsetzen. Sie zahlt neuerlich 50 Cent, zieht Schuhe und Pullover aus und betritt abermals die Waage.
Da kommt der Apotheker, stellt sich neben sie und sagt: „Machen Sie nur weiter, schönes Fräulein, ab jetzt geht es auf Kosten des Hauses."

Für Emanze Konstanze ist eine Gurke besser als ein Mann ...
... weil eine Gurke nicht vergisst, nach Gebrauch die Toilette zu spülen.

Sitzen vier Ärzte beim Stammtisch. Steht der Augenarzt auf und sagt: „Ich gehe jetzt. Man sieht sich."
Sagt der HNO-Arzt: „Ich komme mit. Wir hören voneinander."
Sagt der Urologe: „Ich glaube, ich verpisse mich auch."
Sagt der Frauenarzt: „Grüßt eure Frauen. Ich schaue mal wieder rein."

Sex-Quiz: Was ist frech?
Richtige Antwort: Wenn man eine schwangere Frau trifft und sagt: „Hallo zusammen."
Zusatzfrage: Und was ist pervers?
Richtige Antwort: Wenn man beiden die Hand gibt ...

Am Faschingsball. „Sind Sie für den nächsten Tanz schon vergeben?" – „Oh nein, ich bin noch frei!"
„Könnten Sie dann bitte mein Bierglas halten?"

Dr. Sommer: „Nächste Stufe der Gesundheitsreform: Ältere Herren mit Prostata-Problemen werden nicht mehr behandelt. Begründung: Rentner haben Zeit zum Pinkeln ..."

Sex-Quiz:
Was macht eine Eskimo-Frau auf einer Eisscholle?
Richtige Antwort: Abtreiben.

Der Mann erwacht aus seinem Koma. Seine Frau zieht sich gerade die schwarzen Sachen aus und sagt: „Auf dich ist aber auch gar kein Verlass ..."

Weihnachten im Irrenhaus.
Da kommt der Weihnachtsmann und sagt zu den Patienten:
„Wer mir ein kurzes Gedicht aufsagt, bekommt ein kleines Geschenk. Wer ein langes Gedicht aufsagt, bekommt ein großes Geschenk."
Kommt der Erste an und stammelt: „Hehelelilalulu."
Sagt der Weihnachtsmann: „Und wer mich verarscht, kriegt gar nichts!"

MEIN EX KONNTE ABER VIEL LÄNGER!
HABECK

Männer lieben Bier manchmal mehr als eine Frau ...
... weil ein Bier nie dein Auto mit dem schlechtesten Benzin volltanken würde mit der Begründung, dass man dadurch ein paar Cent spart.

Wussten Sie schon ...
... dass die meisten Frauen nur beim Telefonieren abnehmen?

Casanovas Weisheitsspruch: „Heimlich sehnt sich die Emanze doch nach einem echten Schwanze."

Fuchs und Hase sind große Freunde und spielen ab und zu im Wald Verstecken. An einem dieser Tage hört der Fuchs doch tatsächlich die Hilferufe seines Freundes, des Hasen. Nach kurzer Suche findet er das Häschen im Wald in einer Grube. „So ein Mist, ist ja mein Freund ... was mache ich nun, muss ihm ja helfen!"
Kein Problem: Schweif in die Grube gehalten und Häschen klettert daran hoch.
Nach ein paar Wochen verschwindet beim Versteckspiel doch glatt der Fuchs ... tja und was ist passiert? Er ist in eben jene Grube gefallen, in der das Häschen zuvor gelandet war. Häschen denkt sich: Was nun? Guckt sein Stummelschwänzchen an und fängt an, bitterlich zu weinen. Doch dann die Erleuchtung: Handy! Häschen tippt ein paar Nummern und Hilfe eilt herbei ... Zehn Häschen hoppeln zu Hilfe und gemeinsam hat man den Fuchs schnell befreit ... Die Moral: Wer einen kurzen Schwanz hat, sollte unbedingt ein Handy haben!

Ein Lastwagenfahrer brummt mit seinem Lkw über die Landstraße. Da sieht er eine Person am Straßenrand winken. Er hält an, und kurbelt die Scheibe herunter. „Was gibt's?"
„Ich bin ein kleiner weißer Zwerg, ich bin schwul und ich hab Durst!"
Der Fahrer schaut etwas verdutzt, hat aber Mitleid und wirft dem Kleinen eine Cola zu, dann fährt er wieder weiter. Ein paar Kilometer danach sieht er wieder eine Person am Straßenrand winken. Also aufs Neue: Anhalten, Scheibe runter und fragen: „Und? Was willst du?"
„Ich bin ein kleiner gelber Zwerg, ich bin schwul und ich hab Hunger!"
Der Fahrer wundert sich über nichts mehr, wirft dem Kleinen seine Butterbrote zu und fährt weiter. Nach ein paar Kilometern sieht er wiederum eine Person am Straßenrand winken. Er hält an, kurbelt die Scheibe runter und schreit: „Ja, ja, ich weiß, du bist ein kleiner grüner Zwerg und du bist schwul! Und was willst du jetzt von mir?" – „Führerschein und Fahrzeugpapiere ..."

Gott zum König Salomon: „Wenn du nicht ablässt von deinen Sünden, dann schicke ich dir eine große Dürre."
Salomon: „Schade. Eine kleine Dicke wäre mir lieber."

Herzlose Männer meinen, ein Computer sei besser als eine Frau ...
... weil Computer einen beim Saufen in Ruhe lassen.

Eine Frau und ihr Liebhaber „vergnügen" sich im Bett. Geräusche an der Haustür. Der Liebhaber rennt auf den Balkon,

um sich zu verstecken. Er springt vom Balkon auf einen Baum, da er den Ehemann sieht, der gerade das Schlafzimmer betritt. Da es anfängt zu regnen und er nicht so glücklich auf dem Baum ist, nimmt er die Gelegenheit wahr, vom Baum zu springen, als gerade eine Joggergruppe vorbeiläuft!
Nach ein paar Metern fragt ein Jogger: „Laufen Sie eigentlich immer nackt?" – „Jojo, das mache ich!" – „Guck an! Und immer mit Kondom?"
„Nein, nur wenn es regnet!"

Wenn der Mann gerade frisch verheiratet ist, sagt er: „Darf ich Ihnen meine Frau vorstellen?"
Nach 20 Jahren Ehe sagt er dann: „Können Sie sich bitte vorstellen, meine Frau."
Nach 40 Jahren sagt er dann: „Können Sie sich mal vor meine Frau stellen?"

Rekrut: „Herr Leutnant, wir haben einen Schwulen in unserer Kompanie."
Leutnant: „So, wer ist es denn?"
Rekrut: „Küssen Sie mich und ich verrate es Ihnen."

Es hat doch Vorteile, ein Mann zu sein ...
... weil dir dann die Fernbedienung allein gehört.

Sex-Quiz: Was ist der Unterschied zwischen einem Schwanz und einem Montag?
Richtige Antwort: Der Montag ist länger und härter.

Wussten Sie schon ...
... dass das Militär deshalb Homosexuelle verabscheut, weil es befürchtet, diese können am Feind Gefallen finden!

Musterung in der Lüneburger Heide.
Splitternackt steht der Bauernsohn vor dem Stabsarzt und erklärt, er leide an einer unheilbaren Sehschwäche.
Der Arzt ballt die Hand zu einer Faust und fragt: „Was sehen Sie?"
„Nichts", antwortet der Bauernsohn. Wortlos ruft der Arzt eine Schwester herbei, knöpft ihr die Bluse auf und massiert ihr ausgiebig die Brüste.
„Was sehen Sie?"
„Nur verschwommene Umrisse, Herr Stabsarzt!"
„Mein Lieber, Ihre Augen sind ja möglicherweise im Eimer, aber Ihre Nudel zeigt stramm in Richtung Kaserne."

Bundeswehreinsatz. Beim Formaldienst, auch Marschieren genannt: Abstand zum Vordermann genau 80 cm, 81 cm ist fahnenflüchtig, 79 cm ist schwul ...

Sex-Quiz: Eine tote Blondine treibt den Fluss hinunter. Warum?
Richtige Antwort: Vibrator angelassen.

„Hi! Lange nicht gesehen, wie geht es dir?"
„Och, es geht. Meine Schwiegermutter ist gestern gestorben."
„Wie ist denn das passiert?"
„Na ja, ich hab sie durch so ein Fernrohr beobachtet."
„Daran kann sie doch nicht gestorben sein."
„Nicht wirklich, aber ich hab vergessen, das Gewehr abzuschrauben."

Sex-Quiz:
Was hat ein Zöllner mit Viagra?
Richtige Antwort: Einen Zollstock!

Dingsbums-Vers: Geiler Bock, sei kein Tor, nimm Viagra, dann steht der Dingsbums wie ein Rohr.

Ein Nerz klopft an die Himmelstür. Petrus öffnet und sagt: „Weil man dir auf Erden nachgestellt hat, hast du einen Wunsch frei." Der Ankömmling darauf schüchtern: „Ein Mäntelchen aus reichen Frauen ... "

Sex-Quiz: Was denkt eine Blondine von einem neuen Computer?
Richtige Antwort: Sie mag ihn nicht, weil sie RTL nicht findet.

Wussten Sie schon ...
... dass Blondinen deshalb keine Bananen essen, weil sie den Reißverschluss nicht finden?

Der Hase rennt durch den Wald und wird vom Bären verfolgt, der ihn fressen will. Unterwegs stoppt sie ein Zauberfrosch. Jeder von ihnen hat drei Wünsche frei. Der Bär wünscht sich, dass alle Bären des Waldes außer ihm selbst Weibchen wären. Schwuppdiwupp – und es war so.
Der Hase denkt nach und wünscht sich einen Sturzhelm. Der Frosch ist mächtig irritiert, aber: schwuppdiwupp – und der Hase hat einen Sturzhelm.
Dann ist wieder der Bär dran, und er wünscht sich, dass auch die

ganzen Bären im Nachbarwald Weibchen sein sollen. Schwuppdiwupp – alle Bären des Nachbarwaldes sind Weibchen.
Danach ist wieder der Hase dran und diesmal will er ein Motorrad haben. Wieder ist der Frosch etwas verwirrt, aber der Hase bekommt schwuppdiwupp sein Motorrad. Schließlich wünscht sich der Bär, dass überhaupt alle Bären auf der ganzen Welt (außer ihm) Weibchen sein sollen und es schwuppdiwuppst ein weiteres Mal.
Dann lässt der Hase das Motorrad an ... brumm ... brumm, setzt den Helm auf und wünscht sich, dass der Bär schwul ist ... brumm ... brumm ...

Wussten Sie schon ...
... dass man Selbstbefriedigung auch unter der Bezeichnung Selbstgespräch kennt?

Frosch Hupsi hüpft vergnügt durchs hohe Gras und ruft immer wieder: „Ich bin ein Schwan, ich bin ein Schwan."
Da trifft er einen Storch. Storch: „He, Frosch, bist du bekloppt? Du bist doch kein Schwan."
Da zieht der Frosch seine Hose herunter und sagt: „Doch, schau mal."
Storch verblüfft: „Mein lieber Schwan!"
Frosch: „Ich bin ein Schwan, ich bin ein Schwan."

Ein Matrose kommt von einer langen Seereise wieder in seinem Heimathafen an und begibt sich sogleich ins nächste Bordell. Er fragt nach einem Mädchen. Er findet bei einer Gefallen und geht

mit ihr aufs Zimmer. Sie macht sich mündlich ans Werk. Nach 10 Minuten: „Sag mal, wird dein Pimmelmann denn überhaupt nie steif?“
Antwortet der Matrose: „Der soll ja auch nicht steif werden, sondern sauber ...“

Sex-Quiz: Was sagt eine Blondine, wenn sie gerade mehrere Orgasmen nacheinander hatte?
Richtige Antwort: Gut gemacht, Leute!

Wussten Sie schon ...
... dass das Christkind deshalb immer das Falsche bringt, weil es blond ist?

Anruf bei Viagra: „Guten Tag, Sie haben doch diese neuen Potenzpillen entwickelt, da wollte ich mal fragen, ob es auch ein Gegenmittel gibt?!“
„Wieso denn dieses?“
„Meine Freundin hat gerade angerufen, sie kommt heute doch nicht!“

Es ist doch besser, eine Frau zu sein ...
... weil du dann zum Denken nichts brauchst außer dein Hirn.

Auf dem Friedhof wird ein Herzspezialist beerdigt. Der Sarg steht vor einem riesigen, überdimensionalen Herz. Der Pfarrer hält seine Rede. Als er fertig ist und alle Abschied genommen haben, öffnet sich das Herz, der Sarg rollt hinein und der Sargdeckel klappt

zu. In diesem Augenblick fängt ein Trauergast laut an zu lachen. Fragt ihn sein Nachbar: „Warum lachen Sie denn?“
„Ich musste an meine Beerdigung denken.“
„Was gibt es da zu lachen?“
„Ich bin Gynäkologe!“

Männer lieben Bier manchmal mehr als eine Frau ...
... weil Bier nicht weint, es blubbert.

Vorsicht, es könnte eine Männerlüge sein ...
... wenn er sagt: „Ich ruf dich an.“

Jens fragt Jürgen: „Warum machst du denn so ein bedrücktes Gesicht?“
Seufzt der: „Meine Frau will nur einmal in der Woche mit mir schlafen.“
Meint Jens: „Mit mir und den meisten anderen schläft sie sogar nur alle 14 Tage!“

Der Chef fragt seine Sekretärin: „Was ist denn nur in Sie gefahren, dass Sie heute so unkonzentriert sind?“
Seufzt sie: „Mein Verlobter – die ganze Nacht!“

Sex-Quiz:
Was heißt Kondom auf Chinesisch?
Richtige Antwort: Sakki Verpakki!

Und dann sagt die Nadel zur Schallplatte: „So, jetzt dreh dich mal um, dann machen wir's von der anderen Seite."

„Es ist schlimm mit meinem Mann", klagt die Frau eines Geschäftsmannes ihrer Freundin, „der ist so arg beschäftigt, dass er sogar die Akten mit ins Bett nimmt."
Tröstet die andere, deren Gatte ebenfalls Geschäftsmann ist: „Bei meinem ist es noch schlimmer: Der hat so viel Arbeit, dass er seine Sekretärin mit ins Bett nimmt ..."

Männer lieben Bier manchmal mehr als eine Frau ...
... weil ein Bier sich nicht darüber beschwert, dass Sicherheitsgurte wehtun.

Urlaub. Zwei Freundinnen wetten, wer die meisten Männer ins Bett kriegt. Jede soll an der Zimmerwand eine Strichliste führen. Nach 14 Tagen besucht die eine ihre Freundin und sieht drei Striche. „Oh, schon 111! Du hast mich um vier geschlagen."

Der Patient erzählt dem Psychiater sein ausschweifendes Sexualleben.
Am Ende sagt dieser: „Gut, Sie sind verheiratet, bumsen Ihre Frau fünfmal pro Nacht. Am Tag treiben Sie's mit vier Freundinnen und gehen noch ins Bordell. Wenn keine Frau in der Nähe ist, onanieren Sie. Und wenn Sie schlafen, haben Sie feuchte Träume. Was davon ist Ihnen am liebsten?" – „Die feuchten Träume."

MEIN MANN BRAUCHT 'NE THERAPIE,
ER TRAUT MIR KEINEN ANDEREN ZU.
HABECK

„Und warum?“
„Da lerne ich die tollsten Weiber kennen!“

Sex-Quiz: Was ist längst fertig und wird doch immer wieder neu gemacht?
Richtige Antwort: Das Bett.

Erotik-Warnung: Viagra sollte man nicht in der Suppe auflösen. Denn die Suppe ist kalt, bis sich die Nudeln wieder gelegt haben!

Männer lieben Bier manchmal mehr als eine Frau ...
... weil es ein Bier nicht kümmert, wenn du die ganze Nacht am Computer verbringst.

Eine ältere Krankenschwester erzählt ihrer jungen Kollegin: „Stell dir vor, auf der Station ist jetzt ein Seemann, dessen ganzer Körper mit Tätowierungen bedeckt ist. Sogar auf seinem Glied steht ein Wort: Opel!“
Die junge Schwester belehrt sie: „Ich hab’s auch schon gesehen, aber da steht nicht ‚Opel‘, sondern ‚Konstantinopel‘!“

Eine Frau geht zum Arzt, um sich ein Mittel gegen ihre Falten verschreiben zu lassen. Der Arzt rät ihr, sich hinter jedes Ohr eine Schraube setzen zu lassen, an denen sie einmal im Monat drehen müsse und ihre Haut bliebe schön glatt. Die Frau stimmt zu und schon nach wenigen Tagen hat sie diese beiden Schrauben hinter den Ohren. Sie ist sehr zufrieden damit und dreht regelmäßig einmal im Monat.

Dies geht ein Jahr lang gut; doch eines Morgens steht sie auf und als sie in den Spiegel sieht, entdeckt sie an jeder ihrer Wangen einen dicken Pickel. Also geht sie wieder zum Arzt, um sich ein Mittel gegen ihre Pickel verschreiben zu lassen. Doch dieser entgegnet: „Liebe Frau, das sind keine Pickel, sondern ihre Brustwarzen, und wenn Sie noch zwei Jahre weiterdrehen, haben Sie auch noch einen Bart."

Wussten Sie schon ...
... dass man Selbstbefriedigung auch unter der Bezeichnung Soforthilfe kennt?

Mutter und Tochter gehen zum Arzt. Sagt der Arzt zu der 18-Jährigen: „Ziehen Sie sich bitte einmal aus."
Die Mutter protestiert: „Ich bin zur Behandlung hier und nicht meine Tochter!"
„Gut", meint der Arzt, „dann zeigen Sie mir mal Ihre Zunge!"

Sex-Quiz: Wie mag die Blondine ihre Frühstückseier?
Richtige Antwort: Befruchtet.
Zusatzfrage: Und wie mag sie ihre eigenen?
Richtige Antwort: Unbefruchtet.

Ein junger Medizinstudent macht mit einem Arzt seinen ersten Rundgang durch ein Krankenhaus. Als sie an einem Zimmer vorbeigehen, sieht er, wie ein Mann ununterbrochen masturbiert. „Was ist denn mit dem los?", fragt der Student.
„Tja, sein Problem ist, dass seine Eier viel zu viele Spermien produzieren. Wenn er aufhört zu wichsen, explodieren sie."
Wow!, denkt sich der Student. Ein bisschen weiter den Gang

runter, schaut er in ein Zimmer und sieht, wie eine Krankenschwester mit einem Patienten auf dem Bett liegt und es mit ihm treibt.
„Was hat denn der?“, fragt der Student.
Der Arzt antwortet: „Gleiches Problem, aber der ist privat versichert!“

Treffen sich zwei 70-Jährige. Sagt der eine zum anderen: „Du, seit ich Viagra einnehme, fühle ich mich wie ein 20-Jähriger!“ Entgegnet der andere: „Blödes Zeug, mich stört es gewaltig bei der Gartenarbeit!“

Sex-Quiz:
Wer führt ein sehr aufreibendes Leben?
Richtige Antwort: Der Radiergummi.

Lehrer: „Nun sagt mal, Kinder, welche Dinge sind denn die schnellsten?“ Erstes Kind: „Unser Auto.“ Zweites Kind: „Ein Schnellzug.“ Drittes Kind: „Eine Rakete.“ Viertes Kind: „Ein Gedanke. Ich kann in Gedanken nach Amerika gehen. Nichts ist schneller als ein Gedanke.“ Der Lehrer will das Kind für die kluge Antwort loben, da meldet sich Fritzchen: „Mein Vater ist noch schneller. Als ich gestern Abend an der Schlafzimmertür gehorcht habe, hörte ich ihn zu meiner Mutter sagen: ‚Jetzt bin ich aber schneller gekommen, als ich gedacht habe ...!‘“

Die Frau kommt zum Hausarzt, bedeckt mit Platzwunden und Blutergüssen. Sie erzählt, dass ihre Verletzungen von ihrem Mann stammen. Wundert sich der Doktor: „Ich dachte, der sei verreist?“ Sie: „Das dachte ich auch!“

Männer lieben Bier manchmal mehr als eine Frau ...
... weil sich ein Bier nicht um Manieren kümmert.

Ein Igel läuft im Wald spazieren und fällt in ein Loch. Ein Fuchs kommt vorbei. Der Igel ruft: „Kannst du mich rausholen?"
Der Fuchs: „Klar, Igel." Hängt seinen Schwanz in das Loch und der Igel kann hochklettern. Am nächsten Tag läuft der Igel wieder durch den Wald und fällt neuerlich in ein Loch. Diesmal kommt ein Kaninchen vorbei. Igel: „Kannst du mich rausholen?"
Kaninchen: „Klar, ich laufe schnell nach Hause, hole ein Seil und komme mit meinem Porsche."
Na und, wird der Leser fragen. Tja, offenbar will uns diese Geschichte etwas beweisen. Nämlich: Wer einen langen Schwanz hat, braucht keinen Porsche!

Samstag Morgen. Der Vater hat unheimlich Lust, seine Frau zu vernaschen, aber was soll in der Zeit mit dem 8-jährigen Sohn passieren? Kurzerhand schickt er diesen auf den Balkon: „Schau mal, was so los ist, und erzähle es uns." Vati ist mit Mutti bereits liebevoll beschäftigt, als die Stimme des Kleinen vom Balkon schallt: „Meiers haben sich ein neues Auto gekauft, einen Golf!"
Der Vater keucht: „Super, echt super, beobachte weiter ..."
Zwei Minuten später hören sie wieder vom Balkon: „Schmidts bekommen gerade Besuch aus Frankfurt."
Der Vater keucht wieder: „Okay, Junge, beobachte weiter."
Drei Minuten später: „Müllers bumsen gerade."
Der Vater löst sich erschrocken von der Mutter: „Wie kommst du denn darauf?"
Kommt von draußen: „Sie haben ihren Sohn auf den Balkon geschickt."

Der Mann ruft aus dem Büro an. Der kleine Ralf geht ran: „Hallo?" – „Ich bin's, hol mir mal die Mami."
„Geht nicht, die liegt mit einem Mann im Bett."
„Waaaas?! Hol mal die Axt aus der Garage und hau beiden damit kräftig über den Kopf!"
Nach zehn Minuten: „So, habe ich gemacht."
„Gut, jetzt schleifst du die Mami zum Swimming-Pool."
„Wir haben doch gar keinen Swimming-Pool."
„Nicht? Ups. Verzeihung, falsch verbunden!"

Frauen können bei Männern Pluspunkte sammeln ...
... indem sie ihren Göttergatten bei jeder Gelegenheit loben und ins Staunen darüber kommen, dass sich etwas so Kleines so schön anfühlen kann.

Sex-Quiz: Was fragt eine Blondine, wenn man ihr eine Banane schenkt?
Richtige Antwort: Wo kommen da die Batterien rein?

Die Kinder sollen als Hausarbeit einen Vogel malen. Max hat es recht schön gemacht, nur ist sein Bild nicht ganz vollständig. Kritisiert die Lehrerin: „Sag mal, Max, dein Vogel hat ja gar keine Beine und keinen Schwanz!"
Da fängt Max schrecklich an zu heulen: „Als ich Mama gefragt habe, wo man bei Vögeln die Beine hinmacht, hat sie mir eine geknallt – nach dem Schwanz mochte ich gar nicht mehr fragen!"

Wussten Sie schon ...
... dass man Selbstbefriedigung auch unter der Bezeichnung Faustrecht kennt?

Herzlose Männer meinen, ein Computer sei besser als eine Frau ...
... weil Computer einen nicht beim Telefonieren belauschen.

Es ist ein pornoschlumpfiger Schüttelreim ...
... wenn es heißt: Seid ihr Schlümpfe oft verstimmt?
Nein, bloß wenn Schlumpfinchen gar nicht kimmt!

Im Operationssaal des Männerkrankenhauses stehen am Morgen zwei Operationen auf dem Plan: Einmal Blinddarm und einmal Hodenkrebs. Der erste Patient wird hereingebracht. Die Ärzte schneiden ihm die Hoden ab und werfen sie in den Müllschacht. Nach einem abschließenden Blick auf die Patientenkarte sehen sie, dass dies eigentlich der Blinddarmkandidat gewesen wäre. Nach Minuten der Ratlosigkeit kommt der OP-Schwester Elke die rettende Idee: „Ich glaube, heute gibt es in der Kantine Frühkartoffeln, man könnte ihm doch zwei einnähen."
Gesagt, getan. Nach ein paar Tagen wird der Patient entlassen und erscheint Wochen später zur Nachuntersuchung. Auf die Frage des Arztes nach seinem Sexualleben antwortet er: „Alles in Ordnung. Nur eines ist komisch: Früher habe ich Sackratten gehabt, jetzt habe ich Kartoffelkäfer."

Sex-Quiz:
Warum können Blondinen nicht stöhnen?
Richtige Antwort: Weil sie immer den Text vergessen!

Aufruf in der Zeitung zum Samenspenden. Ein Mann meldet sich im Krankenhaus bei der Oberschwester, um Samen zu spenden. Sie fragt ihn: „Was trauen Sie sich zu: ein Schnapsglas, ein Senfglas, ein Marmeladeglas oder ein Gurkenglas?"

Er: „Ich denke, ein Marmeladeglas werde ich schon füllen können."
Er erhält eines und verschwindet hinter dem Vorhang. Kurze Zeit später hört die Oberschwester lautes Gestöhne. Nach ein paar Minuten schaut seine Hand aus dem Vorhang heraus.
Er: „Schwester, ich brauche ein nasses Handtuch!"
Nachdem sie ihm eines gegeben hat, setzt sich das Gestöhne fort. Wieder ein paar Minuten später erscheint die Hand aufs Neue: „Schwester, jetzt brauche ich ein trockenes Handtuch!"
Sie gibt ihm auch dieses, doch das Gestöhne setzt sich fort. Die Schwester wird langsam neugierig, schaut vorsichtig durch den Vorhangspalt und sieht ihn schweißgebadet mit beiden Händen verkrampft am Marmeladeglas hantieren und fluchen: „Hoffentlich bekomme ich den dummen Deckel bald herunter ..."

Ein junger Mann hat einen sehr kleinen und dünnen Penis. Da er sich schämt, ihn vor seiner Freundin zu zeigen, fährt er nachts mit ihr in den Wald. Nach einer Weile öffnet er seine Hose und legt seinen Pipimann in ihre Hand.
Darauf sie: „Aber du weißt doch, dass ich nicht rauche!"

Werner ruft bei einer Versicherung an und will seinen Penis gegen Abbeißen versichern lassen. Nachdem er Größe und Durchmesser durchgegeben hat, sagt der Versicherungsvertreter: „Das kostet 15.000 Euro im Jahr."
Werner schluckt und legt auf. Er ruft bei der nächsten Versicherung an und gibt wieder Länge und Durchmesser bekannt. Der Versicherungsvertreter sagt: „Das kostet 14 Euro im Jahr." Der Mann fragt, warum diese Versicherung so billig sei.

Der Versicherungsvertreter antwortet: „In diesem Vertrag sind 10 cm Selbstbeteiligung enthalten."

Wussten Sie schon ...
... dass ein Männerslip auch als Rüsselsheim bezeichnet wird?

Zwei Rentner sitzen auf der Parkbank, plötzlich stöhnt der eine auf. Auf die Frage des anderen, was denn los sei, antwortet dieser: „Ich habe letzte Woche gebumst und jetzt ist es mir gerade gekommen."

Im Restaurant stellt sich ein Kellner beim Manager vor. Manager: „Okay, Sie bekommen den Job. Sie können morgen anfangen. Aber denken Sie daran: Ordentliche Kleidung und Sauberkeit stehen bei uns an erster Stelle." Am nächsten Tag steht der Kellner im Frack vor dem Manager. Aus der Brusttasche ragt ein Löffel. Auf die Frage des Managers, wozu der Löffel gut sei, sagt der Kellner: „Ja, wissen Sie, wenn eine Fliege oder Haare in der Suppe eines Gastes schwimmen, nehme ich wegen der Sauberkeit den Löffel und entferne sie."
Einen Tag später steht er wieder vor dem Manager, in der Brusttasche den Löffel, aus dem Hosenladen hängt ein weißer Faden. Auf die Frage, was der weiße Faden soll, antwortet er: „Nur wegen der Hygiene: Wenn ich pinkeln muss, mache ich den Hosenladen auf und ziehe meinen Pimmelmann am weißen Faden heraus."
Darauf der Manager: „Und wie geben Sie ihn wieder rein?"
Kellner: „Da nehme ich den Löffel ..."

Harald Schmidt oder Franz Frauenfeind: „Was mich beim Brustwarzen-Piercing am meisten stört: Beim Putzen gibt es immer Kratzer auf dem Parkett.“

In der Schule fragt der Lehrer, ob schon mal jemand Todesangst ausgestanden habe. Hänschen meldet sich. Der Lehrer: „Und wie hat sich das zugetragen?“
Hänschen: „Ich habe mich am Abend im Nachttischchen bei den Eltern im Schlafzimmer versteckt. Als die Eltern ins Bett gegangen waren, hörte ich auf einmal Papa sagen: „Du, Schnucki, ich habe heute wieder einen Hammer, ich könnte das ganze Nachttischchen zerschlagen.“

Sex-Quiz: Was ist Misstrauen?
Richtige Antwort: „Wenn zwei Schwule miteinander duschen, die Seife runterfliegt und keiner sich traut, sie aufzuheben.

Einem Schwulen ist der Freund weggestorben. Auf der Beerdigung fragt ihn jemand, wie es ihm denn jetzt ohne seinen Freund gehe. Er sagt: „Ja, er fehlt mir halt vorne und hinten.“

Fritzchen ist mit seiner Mutter im Zoo. Als sie vor dem Elefantengehege stehen, fährt der Bulle sein „Rohr“ aus.
Fritzchen: „Du, Mama, was ist denn das Längliche da bei dem Elefanten?“
Mutter: „Das ist der Rüssel.“
Fritzchen: „Nein, nein, weiter hinten.“
Mutter: „Das ist der Schwanz.“
Fritzchen: „Nein, das in der Mitte.“

DU SAGTEST WAS VON VÖGELN. WO IST DENN NUN DAS LIEBE FEDERVIEH?
HABECK

Mutter: „Das ist nichts, komm, wir gehen jetzt nach Hause."
Eine Woche später ist Fritzchen mit seinem Vater im Zoo. Wieder vor dem Elefantengehege und wieder fährt der Bulle sein „Rohr" aus.
Fritzchen: „Du, Papa, was ist denn das Längliche da bei dem Elefanten?"
Vater: „Das ist der Rüssel."
Fritzchen: „Nein, nein, weiter hinten."
Vater: „Das ist der Schwanz."
Fritzchen: „Nein, das in der Mitte! Die Mama hat gesagt, das wäre nichts."
Vater: „Da siehst du mal, wie deine Mutter verwöhnt ist."

Sex-Quiz:
Wie viele Hasen passen in einen Damenschlüpfer?
Richtige Antwort: 59! Warum?
Wenn ein Bär darin Platz findet, passen auch 59 Hasen hinein!

Der Zahnarzt will sich gerade über seinen Patienten beugen und zu bohren anfangen, als er plötzlich zurückfährt: „Kann es sein, dass Sie Ihre Hand an meinen Hoden haben?"
Antwortet der Patient: „Ja, Herr Doktor, wir wollen uns doch gegenseitig nicht wehtun."

Auf einer Party ist von Beginn an eine äußerst kurvenreiche junge Frau der absolute Mittelpunkt des Abends. Fast alle Männer stehen mit großen Augen um sie herum. Da sagt Frau Kowalski neidisch zu ihrem Mann: „Ich weiß gar nicht, was die Kerle alle an dieser faden Ziege finden."
Antwortet er hastig: „Ich auch nicht, mein Schatz. Deswegen werde ich jetzt einmal hingehen und sie mir näher betrachten!"

Frau kommt zum Arzt und klagt über ein komisches Gefühl im Unterleib.
Nach eingehender Untersuchung sagt er: „Bei Ihnen ist alles in Ordnung. Sie haben nur ein wahnsinnig großes Loch!“
Sie geht nach Hause ins Schlafzimmer, nimmt den Spiegel von der Wand, zieht sich aus und stellt sich breitbeinig darüber. In diesem Moment kommt ihr Sohn ins Zimmer, sieht seine Mutter und fragt: „Mama, was machst du denn da?“
Sie: „Ich mache mit Papa einen Tanzkurs und übe gerade einen Tanzschritt ein.“
Darauf der Kleine: „Dann pass mal auf, dass du nicht in das Loch fällst.“

Wussten Sie schon ...
... dass man Selbstbefriedigung auch unter der Bezeichnung Zitterpartie kennt?

Sex-Quiz: Welche Mutter hat niemals Kinder und keine Eltern?
Richtige Antwort: Die Schraubenmutter.

Es ist doch besser, eine Frau zu sein ...
... weil du dann nicht Sonntag zu völlig überteuerten Preisen an der Tankstelle einkaufen musst.

Ein Gärtner liegt unter einem Baum und hält sein Mittagsschläfchen. Dabei hat er seinen Hosenschlitz offen und sein bestes Stück schaut heraus. Da geht eine Nonne an ihm vorbei und ist ganz entsetzt und will wissen, was das denn ist. Da antwortet ihr der Gärtner, dass er eine Blume in seiner Hose hätte, wenn

man daran reibe, dann würde sie wachsen. Die Nonne ist nicht auf den Kopf gefallen und geht der Sache nach.
Sie reibt seine Blume und – schau an! – diese wächst. Ganz erstaunt rennt sie zurück ins Kloster und erzählt den Vorfall ihrer Oberschwester.
Diese meint nur: „Dem müssen Sie nichts glauben. Letzte Woche erzählte er mir, er hätte eine Trompete in seiner Hose. Ich blies eine halbe Stunde hinein, aber es kam kein Ton heraus ...“

„Nehmen Sie die Pille?“, fragt der Frauenarzt die jungfräuliche Julia. „Nein“, lautet die scheue Antwort, „warum soll ich einen Regenschirm aufspannen, wenn es nie regnet!“

Sex-Quiz:
Was haben Schwule mit Zahnstochern gemeinsam?
Richtige Antwort: Beide stochern in Essensresten!

Der Bräutigam trägt seine Frau nach guter alter Tradition über die Schwelle in die Wohnung. Er zeigt auf den Boden und sagt: „Hier stehen in Zukunft jeden Abend pünktlich um 7 Uhr meine Pantoffeln, egal ob ich da bin oder nicht!“
Dann trägt er sie in die Küche, zeigt auf den Tisch und sagt: „Und hier steht jeden Abend um halb acht das Abendessen, egal ob ich da bin oder nicht!“
Dann trägt er sie ins Schlafzimmer und zeigt auf das Bett.
„Ja, ja“, sagt sie, „ich weiß schon! Hier wird jeden Abend um neun Uhr gevögelt, egal ob du da bist oder nicht!“

Drei Ehemänner unternahmen eine Wanderung durch Oberbayern. Als sie an einem Abend in einer Gaststube saßen und besonders gute Laune hatten, schrieben sie alle drei eine Karte an ihre Ehefrauen mit gleichem Inhalt: „Wenn ich ein Vöglein wäre, flöge ich zu dir, da ich nicht fliegen kann, vögle ich hier!“ Die Antwort der drei Ehefrauen kam postwendend. Die erste hatte sich über die Karte geärgert und schrieb daher: „Du warst zu Hause schon immer gemein, auch auf der Reise bist du ein Schwein!“

Die zweite fasste die Sache mit Humor auf und antwortete: „Von deinem Schreiben glaube ich kein Wort, du konntest kaum hier, geschweige denn dort!“

Die dritte dachte: Dem wisch ich eins aus und schrieb: „Da du kein Vöglein bist, sondern ein Wanderer, kannst du beruhigt sein, mich vögelt ein anderer!“

Sex-Quiz: Was ist passiert, wenn im Krankenhaus ein Arzt mit einem Eimer voll Sperma aus dem Operationssaal kommt?

Richtige Antwort: Dann haben sie einer Prostituierten den Magen ausgepumpt.

Herzlose Männer meinen, ein Computer sei besser als eine Frau ...
... weil Computer nicht in der Post herumschnüffeln.

Dingsbums-Vers: „Ich bin der Räuber Hotzenplotz und hab in jeder Muschi Plotz!“

Geheimnisvoller Anrufer am Telefon: „Aus zuverlässiger Quelle haben wir erfahren, dass Sie eine potenzielle Drecksau sind. Bitte stellen Sie sich morgen früh onanierend vors Haus. Wir holen Sie ab!“

Sex-Quiz: Was macht eine Blondine nackt und breitbeinig am Strand?
Richtige Antwort: Sie wartet auf eine Seezunge.

Der Staubsaugervertreter klingelt an einer Tür. Als eine ältere Dame öffnet, fragt er höflich: „Guten Tag, meine Dame. Darf ich Ihnen mal unseren Kobold zeigen?"
Die Oma entrüstet: „Berühren Sie einen Hosenknopf und ich rufe die Polizei!"

Ein Bademeister sitzt am Strand in seinem Stuhl, plötzlich sieht er einen Blinden mit einer Sexpuppe am Strand entlanggehen. Er springt auf, geht zu dem Blinden. „Entschuldigen Sie, Sie können doch hier nicht mit der Sexpuppe durch die Gegend laufen. Hier sind viele Kinder unterwegs!" – Blinder: „Mit was, bitte?"
„Na, mit der Sexpuppe, die Sie unterm Arm tragen!"
Blinder: „Mist, jetzt habe ich den ganzen Winter mein Schlauchboot gebumst!"

Es ist doch besser, eine Frau zu sein ...
... weil du dann nicht ständig wichtige Geburtstage vergisst.

Ein Mann sitzt mit seinem Papagei im Flugzeug. Auf einmal schreit der Vogel laut hinter der Flugbegleiterin her:
„He, Muschimaus, bring was zum Saufen!"
Kurz darauf bringt ihm die Stewardess ein Glas Wasser. Sein Herr denkt sich, das kann ich auch, und ruft der Frau hinterher:
„He, Muschimaus, bring was zum Saufen!"

Darauf geht sie zum Piloten und fragt ihn:
„Da hinten sitzen zwei, die sich nicht benehmen können, was soll ich machen?"
„Wirf sie raus!"
Als der Mann mit seinem Vogel so langsam dem Boden näher kommt, fragt der Papagei: „He, kannst du fliegen?"
„Nein."
„Dann solltest du nicht so frech sein!"

Es hat doch Vorteile, ein Mann zu sein ...
... weil du dich dann in 10 Minuten duschen und anziehen kannst.

Sex-Quiz:
Was haben ein Bademeister und ein Frauenarzt gemeinsam?
Richtige Antwort: Beide arbeiten nahe am Beckenrand.

Männer lieben Bier manchmal mehr als eine Frau ...
... weil ein Bier nie zu spät kommt.

Es spricht nicht gerade für die Männer ...
... dass sie glauben, sie würden vom Sterilisieren impotent.

Tierschützerin Sabine Strohsack hat einen guten Grund, das Leben lieber mit einer Miezekatze zu verbringen als mit einem Mann.
Tierisches Argument: Katzen nehmen auf der Couch nicht so viel Platz weg.

Sex-Quiz:
Was schreibt man einer Jungfrau auf den Grabstein?
Richtige Antwort: Ungeöffnet retour!

Dingsbums-Vers:
Viele mögen es platonisch, nur nicht Jasmin,
die mag es lieber intim.

Karl fragt Werner: „Na, wie war die Party gestern?"
Werner: „Stinklangweilig, wenn ich meine Hose gefunden hätte, wäre ich schon früher gegangen."

Es ist doch besser, eine Frau zu sein ...
... weil du dann keine verfilzten und verfärbten Wäscheteile im Schrank hast.

Es hat doch Vorteile, ein Mann zu sein ...
... weil du dann mit 400 Millionen Spermien pro Schuss in fünfzehn Versuchen die Erdbevölkerung verdoppeln könntest – theoretisch.

In einem Streitgespräch zwischen Computeranwendern wurde zu klären versucht, ob der Computer „männlich" oder „weiblich" sei.
Die Frauen votierten für „männlich".

Die wichtigsten Argumente dafür:
1. Man muss ihn erst anmachen, um seine Aufmerksamkeit zu erregen.
2. Er hat jede Menge Wissen, ist aber trotzdem planlos.
3. Er sollte einem helfen, Probleme zu lösen, die halbe Zeit aber ist er selbst das Problem.
4. Sobald man sich einen zulegt, kommt man drauf, man hätte einen besseren haben können, wenn man noch etwas gewartet hätte.
Die Männer stimmten aus folgenden Gründen für „weiblich“:
1. Nicht einmal der Schöpfer versteht ihre innere Logik.
2. Die Sprache, mit der sie sich untereinander verständigen, ist für niemand sonst verständlich.
3. Sogar die kleinsten Fehler werden im Langzeitgedächtnis zur späteren Verwendung abgespeichert.
4. Sobald man einen hat, geht fast das ganze Geld für Zubehör drauf.
Fazit: Computer sind auch nur Menschen.

Dingsbums-Vers:
Hopfen und Malz erleichtern die Balz!

Männer lieben Bier manchmal mehr als eine Frau ...
... weil ein Bier nie übergewichtig ist.

Vorsicht, es könnte eine Männerlüge sein ...
... wenn er sagt: „Es geht mir nicht um Sex, das wäre zu gewöhnlich.“

Alte Bauernregel: Wenn der Knecht verliert vor Schreck die Hose, zeigt sich die Kuh in Playboy-Pose.

Frau am Gartenzaun zur Nachbarin: „Ihr Sohn hat mich ‚alte Kuh' geschimpft, was sagen Sie dazu?"
„Ich habe ihm schon so oft gesagt, er soll die Leute nicht nach dem Äußeren beurteilen ..."

Für Emanze Konstanze ist eine Gurke besser als ein Mann ...
... weil eine Gurke nie für einen anderen Mann eine Frau verlassen würde.

Kommt die Mutter zur frisch verheirateten Tochter. Diese steht nackt am Herd und kocht für ihren Mann. „Was machst du denn da?" – „Mama, das ist das Kleid der Liebe!"
Schön, denkt sich die Mutter. Zu Hause zieht sie sich aus und stellt sich in die Küche. Als ihr Mann von der Arbeit kommt, meint er: „Was soll das denn?"
„Aber das ist doch das Kleid der Liebe."
„Na ja ... hättest es ja wenigstens mal vorher bügeln können!"

Zwei Außerirdische gehen durch den Park und müssen beobachten, wie eine Mutter mit ihrem Kind schimpft und Ohrfeigen verabreicht. Man hört Heulen und Brüllen. Da meint der eine Außerirdische: „Komische Trommeln haben die hier!"
Meint der andere: „Ja, aber mit einem sagenhaften Sound!"

ICH BIN KEINE FRAU FÜR EINE NACHT. ZUM MORGENGRAUEN BIN ICH IMMER WIEDER DAHEIM BEI MEINEM MANN!
HABECK

Sex-Quiz: Was hat eine Blondine mit dem Universum gemeinsam?
Richtige Antwort: Beide haben schwarze Löcher.

Das Expaar ist auch nach der Scheidung gut Freund geblieben. Als sich der Mann das Handgelenk gebrochen hat, ruft er eines Abends seine ehemalige Frau an und bittet sie, ihm beim Baden zu helfen. Sie kommt und hilft ihm vorsichtig in die Badewanne. Als sie ihm den Rücken einseift, merkt sie, dass sich an der Vorderseite ihres Verflossenen etwas regt. „Ist das nicht süß", seufzt sie, „er kennt mich noch!"

Ein betagtes Ehepaar feiert diamantene Hochzeit und sitzt bei Kerzenlicht zusammen.
Er meint zu ihr: „Liebes, ich möchte diesen wunderschönen Augenblick nicht trüben, wir sind jetzt so lange zusammen und ich liebe dich von ganzem Herzen, aber in der ganzen Zeit habe ich mich immer wieder eines gefragt: Unser vierter Sohn sieht vollkommen anders aus als die jüngeren Kinder. Woran liegt das? Sag es mir ehrlich, hat er einen anderen Vater?"
Zuerst schweigt die Frau, dann spricht sie: „Du hast Recht, ich hätte es dir schon viel früher sagen sollen. Er hat einen anderen Vater."
Der Mann schluckt, schweigt und nach ein paar Minuten fragt er erneut: „Aber sag mir, Schatz, wenn er einen anderen Vater hat, wer ist dieser andere Vater?"
Und sie antwortet: „Na, du!"

Sex-Quiz:
Darf ein Mann in Deutschland seine Witwe heiraten?
Richtige Antwort: Nein, der Mann kann nicht mehr heiraten, er ist tot.

Ein Wissenschaftler läuft durch einen Wald. Plötzlich begegnet ihm ein Frosch. Dieser sagt: „Hallo, ich bin eine verzauberte Prinzessin, küss mich und ich werde dir jeden Wunsch erfüllen." Der Wissenschaftler ist begeistert, nimmt den Frosch auf und steckt ihn in die Tasche. Das kommt diesem schon komisch vor. Nach einiger Zeit fragt der Frosch: „Hallo, hallo, ich weiß nicht, ob du mich richtig verstanden hast, aber ich bin eine verzauberte Prinzessin. Wenn du mich küsst, verwandele ich mich zurück und werde dir jeden Wunsch erfüllen." Der Wissenschaftler nimmt den Frosch aus der Tasche und lächelt. Dann steckt er ihn wieder zurück. Dem Frosch wird das langsam zu doof. Bald darauf sagt er: „Hallo, ich will es dir noch mal erklären: Ich bin eine verzauberte Prinzessin! Wenn du mich küsst, verwandele ich mich wieder in eine Prinzessin und werde alles, aber auch alles mit dir machen, was du willst. Mindestens eine Woche lang." Der Wissenschaftler nimmt den Frosch aus der Tasche und lächelt und steckt den Frosch zurück in seine Tasche. Der Frosch ist nun schon richtig sauer und sagt nach einer Weile: „Also, nun ist es aber genug. Ich habe dir gesagt, dass ich eine verzauberte Prinzessin bin und wenn du mich küsst wieder zurückverwandele. Außerdem würde ich mit dir alles, aber auch alles machen, was du willst. Mindestens eine Woche lang. Was ist denn nun los?" Der Wissenschaftler nimmt den Frosch aus der Tasche, lächelt und sagt: „Also, ich bin Wissenschaftler, für eine Freundin habe ich keine Zeit, aber einen sprechenden Frosch finde ich cool!"

Der Enkel kommt seinen Opa besuchen.
Er findet ihn auf der Veranda sitzend, nur mit einem T-Shirt bekleidet. „Aber Opa, was machst du denn da?", fragt er erschrocken.
Der schaut nur erstaunt und gibt keine Antwort.
„Aber Opa, es ist doch noch zu kalt, um hier so nackt herumzu-

sitzen!“ Der alte Mann schaut ihn langsam an und meint: „Ja weißt du, letzte Woche saß ich hier ohne T-Shirt und am Abend hatte ich einen ganz steifen Nacken. Dass ich jetzt mit T-Shirt sitze, ist Omas Idee!“

Wussten Sie schon ...
... dass man einen Mann auch als 70 Kilo Muskeln mit Samenstrang bezeichnen kann?

Sex-Quiz: Wie viele Männer benötigt man, um eine Toilettenrolle auszuwechseln?
Richtige Antwort: Keine Ahnung, es hat noch keiner versucht.

Neulich in der Provinz. Die Frau kommt nach Hause. Sie rennt ins Haus, schmeißt die Türe hinter sich zu und schreit: „Liebling, pack deine Sachen, ich habe im Lotto gewonnen!“
Der Ehemann voll Freude: „Großartig! Soll ich fürs Meer oder fürs Gebirge packen?“
Die Ehefrau: „Ist mir egal. Verschwinde nur so schnell wie möglich ...“

Ein Kanadier sitzt im Kaffeehaus und lässt es sich gut gehen bei Hörnchen, Marmelade und Kaffee.
Kommt ein kaugummikauender Amerikaner und setzt sich an seinen Tisch.
Dem Kanadier passt es nicht, er schaut ihn nicht mal an.
Plötzlich fragt der Ami: „Wenn Sie Ihr Brot essen, essen Sie dann alles?“
Sagt der Kanadier: „Ja, sicher!“

Darauf der Ami: „Wir in den USA essen nur das Weiße, die Rinde wird in Containern gesammelt, recycelt und als Hörnchen nach Kanada geschickt."
Er kaut weiter auf seinem Kaugummi und macht große Blasen. Nach einer Weile fragt er: „Sie essen auch Marmelade in Kanada?"
Der Kanadier: „Ja, sicher!"
Darauf der Ami: „Wir in den USA nehmen nur das Fruchtinnere, die Kerne, Stiele und Schalen sammeln wir in Containern, recyceln das Ganze und schicken es dann als Marmelade nach Kanada!"
Er kaut weiter auf seinem Kaugummi und lässt die Blasen platzen. Darauf der Kanadier: „Ihr Amerikaner, habt ihr eigentlich auch Sex?"
„Na klar!", sagt der Ami.
Fragt der Kanadier: „Was macht ihr mit den gebrauchten Kondomen?"
„Die werfen wir natürlich weg", sagt der Ami.
Daraufhin der Kanadier: „Wir in Kanada machen das nicht. Wir sammeln die Kondome in Containern, recyceln sie und schicken sie dann als Kaugummis nach Amerika ..."

Herzlose Männer meinen, ein Computer sei besser als eine Frau ...
... weil Computer nicht wissen wollen, wozu man Präservative braucht.

Kommt ein Mann in eine Bar, schaut sich um, schaut auf seine Armbanduhr und setzt sich an die Bar neben eine attraktive Frau, sieht sie aber nicht an.
Darauf fragt sie ihn: „Sind Sie versetzt worden?"
Darauf er: „Nein, aber ich habe eine neue Uhr!"

Sie: „Ja, was ist denn daran so toll?"
Er: „Diese Uhr hat telepathische Kräfte und teilt mir soeben mit, dass Sie kein Höschen anhaben!"
Daraufhin lacht die junge Frau und meint: „Es tut mir ja wahnsinnig Leid, aber Ihre neue Uhr ist bereits kaputt, denn ich habe ein Höschen an!"
Er: „Das sehe ich nicht so, ich würde eher sagen, die Uhr geht eine Stunde vor ..."

Zwei rüstige Rentner sitzen auf der Parkbank. Läuft ein Teenager im Minirock vorbei. Sagt der eine zum anderen: „Mensch, da sollte man noch mal 18 sein!"
Sagt der andere: „Mensch, bist du vollkommen verblödet? Wegen der fünf Minuten noch mal 40 Jahre arbeiten?"

Alte Bauernregel: Geht die Bäuerin in die Breite, sucht der Bauer schnell das Weite.

Wussten Sie schon ...
... dass man einen hässlichen Mann auch als Ding aus dem Sumpf bezeichnen kann?

Ein Bademeister sitzt im Hallenbad und langweilt sich. Plötzlich kommt eine ältere Dame, springt ins Becken und schwimmt, was das Zeug hält. Als sie wieder herauskommt, sieht man ihr die Anstrengung überhaupt nicht an. Der Bademeister findet das so

bemerkenswert, dass er sie fragt: „Entschuldigen Sie, normalerweise fragt man so etwas ältere Damen ja nicht, aber wie alt sind Sie denn?"
„75!"
„Oha! 75 Jahre, und da können Sie immer noch so toll schwimmen?"
„Junger Mann, das ist nichts Ungewöhnliches. Ich bin an der See groß geworden, war im Jugendschwimmverein und Schwimmen ist mein Leben!"
„Ach so, na dann kann ich das verstehen!"
Eine Stunde später kommt die nächste alte Dame und springt ins Wasser und schwimmt länger als die erste und man merkt ihr auch die Anstrengung überhaupt nicht an. Der Bademeister fragt auch sie: „Wie alt sind Sie denn, wenn man fragen darf?"
„85."
„Wuiii, 85 Jahre, und Sie können noch so schwimmen?"
„Junger Mann, das ist nichts Ungewöhnliches, schließlich war ich zeitlebens im Schwimmverein und beim Deutschen Schwimmkader und außerdem habe ich vor 68 Jahren mal bei einer Olympiade eine Medaille geholt!"
„Ach so, na dann ist das ja kein Wunder. Toll!"
Eine weitere Stunde später kommt die dritte Dame, schon hochbetagt, und schwimmt länger und besser als die ersten beiden. Der Bademeister ist überaus beeindruckt und fragt auch diese Dame, wie alt sie sei.
„95!"
„95 Jahre, und Sie können noch so toll schwimmen! Sie waren bestimmt auch zeitlebens im Schwimmverein?"
„Nein!"
„Aber Sie sind doch sicher an der See groß geworden oder haben an verschiedenen Schwimmwettbewerben teilgenommen?"
„Nein!"
„Ja, aber was waren Sie denn dann von Beruf?"
„Freudenmädchen!"

„Was, ein Freudenmädchen? Wie kann man denn mit diesem Beruf so toll schwimmen?“
„Tja, junger Mann, ich war damals in Venedig ... diese blöden Hausbesuche!“

Herzlose Männer meinen, ein Computer sei besser als eine Frau ...
... weil Computer keine Selbsterfahrungsgruppen gründen.

Was eine Frau beim Anblick eines nackten Mannes besser nicht sagen sollte: „Hm ..., es sieht so unbenutzt aus.“

Ein Polizist geht durch den Park.
Auf einmal hört er ein Geräusch aus dem Gebüsch und er fragt: „Hallo? Wer da? Was machen Sie da?“
Eine männliche Stimme sagt: „Liebe!“
„Was? Im öffentlichen Park! Das ist Erregung öffentlichen Ärgernisses, macht 20 Euro!“
Der Polizist kassiert und geht weiter. Nach 300 Metern das gleiche Geräusch. Er ruft: „Hallo? Wer da? Was machen Sie da?“
Wieder eine männliche Stimme: „Liebe!“
„Soso! Das ist Erregung öffentlichen Ärgernisses, macht 20 Euro!“
Der Beamte kassiert und geht. Ein Stück weiter hört er wieder Rascheln im Gebüsch: „Was machen Sie da?“
Die Männerstimme aus dem Gebüsch: „Liebe!“
„Ja, Himmeldonnerwetter noch mal, schon wieder Erregung öffentlichen Ärgernisses, macht 20 Euro!“
Sagt eine Frauenstimme: „Was will der?“
Der Polizist: „Was, Sie sind zu zweit? Das kostet 40 Euro ...“

Wussten Sie schon ...
... dass man einen hässlichen Mann auch als radioaktiven Adam bezeichnen kann?

Nach Jahren treffen sich zwei Freunde wieder. Der eine ist Schriftsteller geworden und der andere Busfahrer. Sagt der Schriftsteller: „Du, ich bin inzwischen so bekannt geworden, ich verlege meine Werke in sechs Sprachen."
Darauf der Busfahrer trocken: „Hast du es gut, ich bin inzwischen so bekannt geworden, ich zahle Alimente in sechs Währungen ..."

Die Mutter fragt ihre drei Bengel, was sie sich zu Weihnachten wünschen. Der erste sagt: „Ich hätte gerne eine Million, dann kann ich mir den Ferrari leisten, der unten auf dem Parkplatz steht."
Der zweite meint: „Ich hätte gerne zwei Millionen, da steht nämlich auch noch ein Rolls-Royce, dann kann ich mir beide leisten."
Der dritte sagt: „Ich hätte gerne den ganzen Körper voller Haare!"
„Wieso denn das?", fragt die Mutter erstaunt.
„Tja, die blonde Nachbarin hat nur ein kleines Dreieck zwischen ihren Beinen und der gehören die zwei Autos auf dem Parkplatz ..."

Eines Abends klopft ein Mann an die Haustür eines Ehepaares. Nur die Frau ist daheim. Sie macht auf. Der Mann fragt sie: „Wissen Sie, wie man guten Sex macht?" Die Frau – total vor den

Kopf gestoßen – knallt ihm die Tür vor der Nase zu. Am nächsten Abend wiederholt sich das gleiche Spielchen. Der Mann fragt erneut, ob sie wisse, was guter Sex sei – rums ist die Tür wieder zu. Später erzählt die Frau ihrem Ehemann von diesen Begegnungen.
Dieser meint: „Ich werde morgen etwas früher nach Hause kommen, um diesen Dreckskerl zur Rede zu stellen."
Gesagt, getan, am nächsten Abend um dieselbe Zeit klingelt es wieder.
Die Frau öffnet und der fremde Mann fragt erneut: „Wissen Sie, wie man guten Sex macht?"
Von einer plötzlichen Eingebung überrascht, antwortet die Frau: „Ja!"
Darauf der Mann: „Dann wenden Sie Ihr Wissen das nächste Mal auf Ihren Mann an, damit der in Zukunft meine Frau in Ruhe lässt ..."

Es ist doch besser, eine Frau zu sein ...
... weil du dir dann nie einen Kragen mit Rasierwunden versaust.

Es hat doch Vorteile, ein Mann zu sein ...
... weil dir dann Sex nicht deinen Ruf vermiesen kann.

Sex-Quiz: Wie nennt man den Unterschied bei Männern und Frauen, wenn sie sich mit dem Kopf beschäftigen?
Richtige Antwort: Bei Männern spricht man vom Denken, bei Frauen vom Frisieren.

Männer lieben Bier manchmal mehr als eine Frau ...
... weil ein Bier nie Kopfschmerzen hat.

AUA!
HABECK

Es spricht nicht gerade für die Männer ...
... dass sie schnarchen.

Tierschützerin Sabine Strohsack hat einen guten Grund, das Leben lieber mit einer Miezekatze zu verbringen als mit einem Mann. Tierisches Argument: Katzen laden ihre Mutter nicht zum Essen ein.

Dingsbums-Vers: Alle reden über Verhütung, nur nicht Jutta, die wird Mutta.

Drei Brautpaare heiraten am selben Tag. Die Herren sitzen abends noch an der Bar und fragen sich, wie sie sich darüber unterhalten können, wer in der Hochzeitsnacht wie oft dingsbums macht, ohne dass ihre Frauen was davon mitkriegen. Sie einigen sich darauf, dass sie es an dem Wort „Morgen" festmachen. Je öfter das in der Begrüßung vorkommt, desto öfter hat es geklappt.
Am nächsten Morgen kommt der Erste: „Guten Morgen, ein schöner Morgen ist das heute Morgen!"
Der Zweite: „Einen schönen guten Morgen heute Morgen! Ist das nicht ein herrlicher Morgen heute Morgen? Wie wird der Morgen morgen wohl sein?"
Und dann kommt der Dritte: „Guten Tag, zusammen ..."

Kommt ein städtischer Gärtner in eine Bar, lehnt sich über die Theke und schaut den Barkeeper herausfordernd an: „Ich wette mit Ihnen, dass ich Ihnen und den Gästen das Verrückteste zeigen kann, das Sie je gesehen haben!“

Meint der Barkeeper: „Okay, um 100 Euro!“

Darauf der Gärtner: „Top!“, und nimmt ein 20 cm langes Männchen aus seiner Brusttasche, das über die Theke geht und sagt: „Grüß Gott, meine Damen und Herren, mein Name ist Johannes Mario Simmel. Sie kennen mich sicher, ich habe mich als Bestsellerautor betätigt ...“

Die Gäste sind ganz verblüfft, der Barkeeper gibt sich geschlagen: „Hier haben Sie Ihr Geld, aber jetzt verraten Sie mir, wo haben Sie den Zwerg her?“

Deutet der Gärtner hinaus: „Bei der alten Eiche im Park habe ich eine Lampe ausgebuddelt, wenn man an der reibt, kommt ein Geist heraus, der erfüllt einem genau einen Wunsch.“

Der Barkeeper stürmt hinaus, nimmt die Lampe und reibt daran. Kommt der Lampengeist heraus und sagt feierlich: „Du hast einen Wunsch frei, aber wähle sorgfältig!“ – Platzt dem Barkeeper heraus: „Ich will 10 Millionen, in kleinen Scheinen!“

„Dein Wunsch sei dir gewährt.“ Schnipp! – und es liegen 10 gegrillte Ferkel am Boden, jedes mit einer Zitrone im Maul.

Überlegt der Barkeeper: „Was soll denn das ...?“

Plötzlich geht ihm ein Licht auf, er stürmt zurück und keift den Gärtner an: „Ihr Geist hat aber einen massiven Hörfehler. Ich bitte ihn um 10 Millionen in kleinen Scheinen und er gibt mir 10 Zitronen in kleinen Schweinen!“

Meint der Gärtner ruhig: „Ja glauben Sie wirklich, dass ich ihn um einen 20 cm langen Simmel gebeten habe?“

Auf der Party:

Ein Mann möchte mit einer Frau mehr als nur flirten.

Er: „Hallo, mein Name ist Harry und ich bin Tankwart!“

Sie: „Verpiss dich, ich steh nicht auf Aralverkehr!“

Montags in einem Büro: Zwei Bürodamen unterhalten sich über das letzte Wochenende und darüber, wann sie mit ihrem Mann Sex gemacht haben, und darüber, ob und wie aufregend das war. Als der Chef dies mitbekommt, ermahnt er jede von ihnen, nie wieder dieses Wort auszusprechen. Also denken sich die Bürodamen einfach ein neues Wort für Sex aus: „Lachen.“
Wieder Montags. Die eine erzählt: „Am Wochenende habe ich mit meinen Mann zusammen gelacht, das glaubst du gar nicht. Das war vielleicht aufregend!“
Darauf die andere: „Ach, du hast es gut, bei mir war es nicht so toll. Am Freitag wollte er, aber ich nicht. Am Samstag habe ich mich extra schön angezogen und alles romantisch eingerichtet, da wollte er wiederum nicht. Als ich dann aber Sonntag zufällig ins Schlafzimmer kam, stand der alberne Kerl doch da und lachte sich eins ins Fäustchen ...“

Herzlose Männer meinen, ein Computer sei besser als eine Frau ...
... weil Computer nicht wissen wollen, wo die blonden Haare herkommen.

Dingsbums-Vers: Darum halte immer Viagra feil, es macht ja selbst Kastrierte geil.

Ein Mann auf Geschäftsreise macht einen Abstecher ins Rotlichtmilieu.
Nach dem Vergnügen weigert er sich allerdings, zu zahlen. Der Fall geht vor Gericht Der Mann bittet den Richter bei Verhandlungseröffnung: „Euer Ehren, das ist mir äußerst pein-

lich! Meine gesamte Familie mit allen Kindern ist unerwartet anwesend und ich habe beruflich einen Ruf zu verlieren! Sie können den Fall so nicht aufrollen!“
„Nun gut, ich habe Verständnis für die Lage, ich werde den Fall als Mietstreitigkeit tarnen.“
Die Verhandlung beginnt: „Würde sich der Beklagte bitte dazu äußern, warum er die Miete nicht zahlen will?“
„Erstens handelte es sich um einen Altbau, zweitens war die Wohnung viel zu feucht und muffig, außerdem war sie einfach zu groß, was ich nicht wollte!“
Der Richter wendet sich an die Prostituierte: „Wie sehen Sie den Sachverhalt, Frau Klägerin?“
„Das ist doch lächerlich! Der Mieter wusste von vorneherein, dass es sich um einen Altbau handelt, zweitens wurde die Wohnung erst feucht, nachdem der Mieter eingezogen war, drittens ist es nicht mein Problem, wenn der Mieter über zu wenig Mobiliar verfügt ...“

Es ist doch besser, eine Frau zu sein ...
... weil dann deine Sonntage nicht wegen vorangegangener Saufgelage verdorben sind.

Es hat doch Vorteile, ein Mann zu sein ...
... weil dann deine Unterwäsche im 3er-Pack 5 Euro kostet.

Männer lieben Bier manchmal mehr als eine Frau ...
... weil ein Bier nicht sauer wird, wenn du andere Biere in deiner Nähe hast.

Sex-Quiz: Wie nennt man einen Mann, der erwartet, bei der zweiten Verabredung Sex zu haben?
Richtige Antwort: Langsam.

Männer lieben Bier manchmal mehr als eine Frau ...
... weil ein Bier nicht nach Gleichberechtigung verlangt.

Es spricht nicht gerade für die Männer ...
... dass sie sich für durchtrainiert halten.

Tierschützerin Sabine Strohsack hat einen guten Grund, das Leben lieber mit einer Miezekatze zu verbringen als mit einem Mann.
Tierisches Argument: Katzen mögen alle Fernsehprogramme, nicht nur Fußball und Action.

Ein frisch verheiratetes Paar ist gerade im Hotel in ihrer Hochzeits-Suite angekommen.
Nachdem beide ausgepackt haben, zieht er plötzlich seine Hose aus, hält sie ihr hin und sagt: „Da, zieh mal an."
Sie versucht es und muss feststellen, dass die Hose doppelt so groß ist wie ihre Hosen.
Sie sagt: „Die kann ich doch nicht anziehen! Die sind einfach viel zu groß!"
„Prima, dann weißt du ja, wer hier die Hosen anhat ..."
Wütend reißt sie die Hose runter, zieht ihren winzigen Tanga aus, hält ihn hin und sagt: „Los, anziehen!"
Der Ehemann schaut sich dieses winzige Stück Stoff an und ant-

wortet: „Das ist viel zu winzig! In den Tanga komm ich niemals rein!“
Darauf sie: „Du hast vollkommen Recht, und zwar so lange, bis du deine Meinung änderst ...“

Sex-Quiz:
Wie erkennt man einen schwulen Schneemann?
Richtige Antwort: Die Möhre steckt im Arsch ...

Der junge Michael vom Land kam zum ersten Mal nach Berlin, um dort zu leben. Deshalb mietete er eine Wohnung in einem Hochhaus. Als er am Briefkasten gerade seinen Namen anbringen wollte, erschien aus der gegenüberliegenden Tür eine attraktive junge Dame, nur mit einem Morgenmantel bekleidet. Er grinste sie an und die beiden begannen eine Unterhaltung. Während sie miteinander sprachen, verrutschte ihr Morgenmantel und es war klar, dass sie nichts darunter anhatte. Der arme Michael wurde ganz nervös und versuchte krampfhaft Augenkontakt zu behalten. Nach ein paar Minuten legte sie ihre Hand auf seinen Arm und sagte: „Lass uns in meine Wohnung gehen, ich höre jemand kommen ...“
Er ging mit ihr in ihre Wohnung, und nachdem sie die Tür zugemacht hatte, streifte sie ihren Morgenmantel ab. Jetzt stand sie vollkommen nackt vor ihm und schnurrte: „Was glaubst du, ist das Beste an mir?“ Der schüchterne Michael stotterte, schluckte ein paar Mal und sagte dann: „Es müssen deine Ohren sein!“
Sie staunte: „Warum meine Ohren? Schau dir mal diese Brüste an! Sie sind voll, hängen kein bisschen und sind 100-prozentig natürlich. Mein Hintern ist fest und ich habe keine Zellulitis. Schau dir meine Haut an, weich und sanft! Warum um alles in der Welt glaubst du, meine Ohren wären mein bestes Körperteil?“
Michael schluckte wieder ein paar Mal, bevor er antwortete: „Draußen, als du sagtest, du hörst jemand kommen – das war ich ...“

Eine Brünette und eine Blondine gehen im Park spazieren. Plötzlich sagt die Brünette: „Oh, sieh nur, das tote Vögelchen." Die Blonde bleibt stehen, guckt in die Luft und fragt: „Wo, wo denn?"

Sex-Quiz:
Weshalb wurde Dr. Penis verhaftet?
Richtige Antwort: Er hat gestanden.

Fritzchen hat ein Mutter-Tochter-Gespräch belauscht und wundert sich. „Mutti, ich muss dir was sagen ...", hört er seine ältere Schwester. Mutter: „Was ist denn los, mein Kind?" Schwester: „Mutter, ich bin schwanger ..." Mutter: „Oh Gott, Kind, wo hast du nur deinen Kopf gehabt?" – „Unter dem Lenkrad ..."

Ein junger Mann rief seine Mutter an und erzählte ihr aufgeregt, er habe gerade die Frau seiner Träume kennengelernt. Was er denn nun machen solle, fragte der frisch Verliebte. Mama hatte eine Idee: „Schick ihr Blumen und lade sie auf der beigelegten Karte zu dir nach Hause ein – zu einem romantischen, selbstgemachten Essen." Der Sohn fand den Vorschlag großartig. Eine Woche später erschien die Frau bei ihm zum Abendessen. Am nächsten Tag rief seine Mutter bei ihm an, um zu hören, wie es war. „Ich bin blamiert bis auf die Knochen!", jammerte der Sohn. „Sie bestand darauf, das Geschirr abzuspülen." – „Was soll daran so schlimm sein?", fragte die Mutter. Sohn: „Wir hatten noch gar nicht mit dem Essen angefangen!"

Es waren einmal ein perfekter Mann und eine perfekte Frau.
Sie begegneten einander und da ihre Beziehung perfekt war, hei-

rateten sie. Die Hochzeit war einfach perfekt. Und ihr Leben zusammen war selbstverständlich ebenso perfekt.
An einem verschneiten, stürmischen Weihnachtsabend fuhr dieses perfekte Paar eine kurvenreiche Straße entlang, als sie am Straßenrand jemanden bemerkten, der offenbar eine Panne hatte. Da sie das perfekte Paar waren, hielten sie an, um zu helfen. Es war der Weihnachtsmann mit einem riesigen Sack voller Geschenke.
Da sie die vielen Kinder am Weihnachtsabend nicht enttäuschen wollten, lud das perfekte Paar den Weihnachtsmann mitsamt seiner Geschenke in ihr Auto. Und bald waren sie daran, die Geschenke zu verteilen. Unglücklicherweise verschlechterten sich die bis dahin ohnehin schon schwierigen Straßenbedingungen immer mehr und schließlich hatten sie einen Unfall. Nur einer der drei überlebte. Wer war es?
Richtige Antwort: Es war die perfekte Frau. Sie war die Einzige, die überhaupt existiert hatte. Jeder weiß, dass es keinen Weihnachtsmann gibt und erst recht keinen perfekten Mann. Für Frauen endet die Geschichte hier. Für Männer gilt die Zusatzantwort: Wenn es also keinen Weihnachtsmann und keinen perfekten Mann gibt, muss die perfekte Frau am Steuer gesessen haben. Dies erklärt wiederum, warum es überhaupt einen Unfall gegeben hat.
Wenn Sie nun eine Frau sind, die auch diese nur für den Mann bestimmten Zeilen ebenfalls gelesen hat, wird dadurch noch etwas bewiesen: Frauen tun offenbar nie das, was man ihnen sagt ...

Sex-Quiz:
Wenn einem Mann ein Penis zwischen den Augen herauswachsen würde, wie weit müsste er herauswachsen, bis wer die Eichel klar sehen kann?
Richtige Antwort: Egal, er wird sie nie sehen, weil ihm die Eier über die Augen hängen.

Wenn Gott eine Frau wäre ...
... wäre Jesus ans Kreuz genäht worden ...

Atemlos kommt das neue Dienstmädchen vom Einkauf zurück. In ihrem Schlepptau einen sich heftig sträubenden Mann. „Alles bekommen, gnädige Frau“, keucht sie, „Streuselkuchen, Apfeltaschen, den Marmorkuchen. Bloß der Berliner will Schwierigkeiten machen!“

„Mutti, ich habe jetzt auch einen Ehemann“, verkündet Klein-Eva, als sie die Treppen heraufgestürmt kommt.
„Na, so was“, staunt die Mutter, „woher weißt du denn das so genau?“
„Ich habe in der Sandkiste mit einem Jungen gespielt“, berichtet Eva und ergänzt: „Und auf einmal hat er gesagt: ‚Jetzt pack deine Klamotten und hau ab zu deiner Mutter!‘“

Frauen können bei Männern Pluspunkte sammeln ...
... etwa dann, wenn er ihr droht, sie zu verlassen, und von ihr angeboten wird, beim Packen zu helfen ...

Neulich in der Seniorenresidenz. Drei alte Damen residieren an der Kaffeetafel. Die eine ist 75 und sagt quietschfidel: „Hach, ich sehe immer noch aus wie 65!“
Die zweite nickt und meint: „Ich bin schon 85 und fühle mich immer noch wie 75!“

NICHTS GEGEN DEINE GARDEROBE, ABER AUSGEZOGEN WIRKST DU BESTIMMT ANZIEHENDER!
HAMBECK

Und die dritte sagt darauf klug und voll Stolz: „Ich bin 95 und immer noch Jungfrau! Toi, toi, toi ...“

Ein Mann geht am Strand spazieren. Auf einmal findet er im Sand eine alte, kostbar aussehende Flasche mit einem großen Stopfen aus Kristall. Neugierig öffnet er die Flasche und im selben Augenblick erscheint ein riesiger Kerl mit einem Turban. „Du hast mich gerufen? Ich bin der Flaschengeist und du hast jetzt einen Wunsch frei!“ Der Mann überlegt: „Ich wollte immer schon mal nach Amerika. Aber ich habe Flugangst und werde auch leicht seekrank. Am liebsten würde ich mit dem Auto fahren – ich wünsche mir eine Brücke über den Atlantik!“
Der Geist: „Bist du verrückt? Weißt du, wie lang so eine Brücke ist? Und wie viele Betonpfeiler man dafür braucht? Und wie hoch diese Pfeiler sein müssen? Der Ozean ist bis zu 4000 m tief! Wir müssten außerdem alle paar hundert Kilometer eine Tankstelle errichten, da kein Auto eine solche Strecke nonstop zurücklegen kann. Außerdem gibt es Ärger mit den Behörden und Greenpeace. Die Zeiten, als man als Geist noch jeden Blödsinn machen konnte, sind leider vorbei. Denk dir etwas anderes aus!“
Der Mann: „Also gut, wenn es zu schwierig ist, mal überlegen ... weißt du, wenn Frauen mir etwas erzählen, kann ich nie einen Zusammenhang erkennen und sie erwarten Dinge von mir, in denen ich keinen Sinn sehe. Mein Wunsch wäre es, die Frauen endlich verstehen zu können.“
Der Geist: „... um noch mal auf die Brücke zurückzukommen: zweispurig oder vierspurig?“

„Wer hat Ihnen eigentlich gesagt“, tobt der Chef zu seiner Sekretärin, „dass Sie hier den ganzen Tag faulenzen können, nur

weil ich Sie ein paar Mal geküsst habe?"
Lächelnd erwidert die Sekretärin: „Mein Anwalt!"

Zwei Frauen marschieren in einer Demo für Frauenrechte mit.
Die eine brüllt immer: „Menstruation! Menstruation!"
Da sagt die andere: „He! Das heißt doch Revolution!"
Sagt die andere: „Egal! Hauptsache, es fließt Blut!"

Sitzen zwei Emanzen am Frühstückstisch. Sagt die eine zur anderen: „Doris, gibst du mir bitte mal die Salzstreuerin?"

„Was bedrückt dich?", fragt die Gattin ihren Mann. „Du weißt doch, du kannst mir alles anvertrauen, wir teilen alles miteinander." Antwortet der Gatte: „Wir haben einen Brief bekommen, in dem man uns mitteilt, dass wir Vater geworden sind!"

Diego, ein gutmütiger, begeisterungsfähiger Kerl, der sich aber auch gern einmal nach jungen Mädels umschaut, kommt eines Morgens freudestrahlend ins Büro: „Was strahlst du denn schon so am frühen Morgen?", fragt sein Kollege. Diego: „Du, ich habe doch in einer Woche silberne Hochzeit und nun habe ich endlich den lang gewünschten blauen Papagei für meine Frau bekommen!" – „Schau an!", sagt sein Gegenüber und fügt hinzu: „Klaro, dass du dich da freust. Alle Achtung! Ein super Tausch ..."

Zwei Betrunkene sitzen an der Theke. Meint der eine: „W ... Wenn d ... der Schn ... n ... nurrrr ... bart nicht w ... wär, d ... dann säääähst d ... du aus wie m ... meine Schw ... wester!"
Darauf der andere: „Ich hab doch gar keinen Schnurrbart!"
„D ... d ... du n ... nicht, aber m ... meine Schwester ... "

Neulich in einem Hotel in Berlin. Die Chefin des Hotels beobachtet den Pagen, wie er sich aus der Halle schleicht. „Wohin gehst du?" – „Ins Bordell", antwortet der.
„Du Lümmel! Hier geblieben, sofort gehst du wieder an deine Arbeit!", schreit sie außer sich.
„Aber ich will d ..."
„Keine Widerrede, sonst bist du entlassen!"
„Gut", meint der Page, „dann soll sich Ihr Mann seinen Regenschirm halt selbst abholen ..."

Eine Frau hatte seit Jahren schreckliche Kopfschmerzen. Sie war bei jedem namhaften Spezialisten, keiner konnte ihr helfen. So landete sie bei einem Heilpraktiker. Dieser redete lange mit ihr und gab ihr den Rat, dann, wenn die Schmerzen anfangen, sich stark zu konzentrieren und sich immer wieder zu sagen: „Ich habe keine Kopfschmerzen, ich habe keine Kopfschmerzen ..."
Sie versuchte es und – oh Wunder, es funktionierte! Nun hatte diese Frau auch einen Mann und in der Liebe klappte es schon länger nicht mehr so, wie sich die Frau das vorstellte. Also riet sie ihrem Mann, die gleiche Therapie doch auch einmal zu versuchen.
Am nächsten Tag kam sie von der Arbeit heim und sie wußte gar nicht mehr, wie ihr geschah! Ihr Mann begrüßte sie noch nicht einmal richtig, sondern schmiss sie gleich auf den Tisch und ver-

naschte sie nach allen Regeln der Kunst. Sie war hellauf begeistert und in den nächsten Wochen kam sie aus dem Staunen gar nicht mehr heraus.
Doch eines Tages kam sie früher von der Arbeit nach Hause. Sie huschte leise ins Haus, in freudiger Erwartung dessen, was gleich wie an jedem Tag geschah. Sie schlich sich in die Küche und da saß ihr Mann, beide Hände an den Schläfen und ganz konzentriert immer wieder sagend: „Das ist nicht meine Frau, das ist nicht meine Frau ...“

Ein Inder geht zum Scheidungsanwalt. Der Anwalt fragt: „Warum wollen Sie sich denn scheiden lassen?“
Darauf antwortet der Inder: „Ich bin ja nur ein einfacher Bauer. Aber ich weiß, wenn ich Reis pflanze, dann ernte ich auch Reis. Und wenn ich Mangobäume pflanze, dann ernte ich auch Mango ...“
„Kommen Sie doch nun endlich zur Sache!“, wirft der Jurist ungeduldig ein.
Der Inder weiter: „Ich habe kleine Inder gesät – und kleine Chinesen geerntet!“

Sex-Quiz: Wann wird während einer Beziehung vom Paar welche Sektsorte getrunken?
Richtige Antwort: Vor der Hochzeit: Schlösslein-Sekt.
In der Hochzeitsnacht: Söhnlein Brillant.
Bis zur silbernen Hochzeit: Deinhard.
Nach der silbernen Hochzeit: Henkel Trocken.

Zwei Angler treffen sich seit Jahren jeden Sonntagmorgen zum Angeln an der Elbe. Einmal kommt der eine nicht, ist aber am nächsten Sonntag wieder da. „Entschuldige!“, sagt er, „aber ich habe letzten Sonntag geheiratet und da hatte ich keine Zeit zum Angeln.“
„Na ja“, sagt der andere, „was hat denn deine neue Frau, dass du

sogar den Angelsport vernachlässigst? Ist sie so hübsch?“
„Nee, schön ist sie eigentlich nicht!“
Fragt der andere: „Aber was dann? Ist sie vermögend?“
„Nee, Geld hat sie überhaupt keines!“
„Ja, dann kann sie wohl gut kochen?“
„Nee, kochen kann sie überhaupt nicht! Das muss ich machen.“
„Ja – Mensch! Irgendetwas muss sie doch haben, weshalb du sie geheiratet hast!“
„Aber klar!“, sagt der andere, „Würmer hat sie! Würmer!“

Ein Junggeselle wird gefragt, ob er sich denn nicht mal langsam verheiraten möchte.
„Och“, sagt der, „wozu denn? Ich habe zwei Schwestern, die sich um mich kümmern. Ich werde von ihnen mit allem versorgt, was ich brauche.“
„Nun ja“, hält man dem Junggesellen entgegen, „aber auch zwei Schwestern können doch niemals eine liebevolle Gattin ersetzen.“ – „Wieso nicht? Es sind doch nicht meine Schwestern ...“

Neulich an irgendeinem Tresen.
„Ich bin mit meiner Ehe zufrieden“, sagt Werner. „Ich habe geheiratet, weil ich es satt hatte, im möblierten Zimmer zu wohnen, mir selbst die Hemden zu waschen und ewig im Restaurant zu essen!“
„Seltsam“, meint Kollege Karl, „ich habe mich deswegen scheiden lassen ...“

Was man beim Bettgeflüster vermeiden sollte ...
... zu sagen: „Die Decke könnte mal wieder gestrichen werden.“

Neulich auf der Entbindungsstation.
Der Gummibärchenmann wartet im Krankenhaus vor der Gummibärchengeburtsstation, weil seine Gummibärchenfrau ein Gummibärchenkind bekommt. Der werdende Gummibärchenpapa ist total nervös und kaut einen Gottschalk nach dem anderen. Endlich kommt die Gummibärchenkrankenschwester freudestrahlend heraus.
„Und, was ist es?", fragt der Gummibärchenmann ganz aufgeregt.
Darauf die Gummibärchenkrankenschwester: „Ein Grünes!"

Wussten Sie schon ...
... dass auch die beste Empfängnisverhütung gegen unerwünschte Briefsendungen wirkungslos ist?

Zwei Kumpel treffen sich nach langer Zeit wieder und machen so richtig einen drauf. Als sie schon ziemlich wackelig auf den Beinen sind, sagt der eine zum anderen „Komm, lass uns zu mir nach Hause gehen. Ich zeig dir mal, wie ich wohne." Als sie die Wohnung betreten, beginnt der stolze Mieter den Rundgang. „Das hier ist meine Küche und das mein Wohnzimmer." Der Freund ist beeindruckt von der Wohnung. Leicht schwankend setzen die beiden Zecher die Besichtigung fort. „Das ist mein Bad und hier mein Schlafzimmer. Die da im Bett ist meine Frau, und der daneben ... äh ... das bin ich ..."

Sex-Quiz: Warum war Adam der glücklichste Mensch der Welt?
Richtige Antwort: Er hatte keine Schwiegermutter.

Die 18-jährige Gabriele hat per Zeitungsanzeige einen Freizeitpartner gesucht und auch einige Zuschriften erhalten. „Wie schön, mein Kind!“, freut sich auch die Mutter. – „Ja, das finde ich richtig toll, Mama!“, lächelt die Tochter. „Sogar Vati hat mir geschrieben ...“

Ein junger Mann muss zur Bundeswehr. Er ist am Bahnsteig. Seine Mutter und seine Braut wollen sich von ihm verabschieden. Beide hätten gerne ein Foto von ihm. Leider hat der junge Mann nur ein Foto vom FKK-Strand dabei. Kurzerhand teilt er das Bild in zwei Teile. Die obere Hälfte gibt er der Braut, die untere gibt er der Mutter, weil diese ohnedies stark kurzsichtig ist. Die Mutter betrachtet das Bild eine ganze Weile und meint dann schmunzelnd: „Ja, ja, wie der Vater! Nicht rasiert und die Krawatte sitzt schief ...“

Der steinalte Milliardär hat noch einmal geheiratet. In der Hochzeitsnacht fragt er seine ebenso süße wie blutjunge Braut: „Sag mal, Liebling, deine Mutter hat dich doch aufgeklärt?“
„Leider nein“, stammelt seine Braut errötend.
„Verdammt“, murmelt der Alte, „und ich hab’s vergessen!“

Treffen sich drei Männer, sagt der eine: „Meine Frau hat ‚Das doppelte Lottchen‘ gelesen und Zwillinge bekommen.“
Sagt der zweite: „Meine Frau hat ‚Die drei Musketiere‘ gelesen und Drillinge bekommen.“
Sagt der dritte: „Um Gottes willen! Ich muss schnell nach Hause, meine Frau liest gerade ‚Ali Baba und die vierzig Räuber‘!“

Zwei Kumpels treffen sich. Protzt der eine: „Mensch, Herbert! Ich hab mir gestern sooo ein großes Fernrohr gekauft! Damit kannst du richtig weit sehen und extrem scharf, alles beobachten!"
Fragt sein Freund: „Und? Hast du es schon ausprobiert?" Herbert wird leicht rot.
„Ja, gestern Abend. Ich habe dir und deiner Freundin beim Sex zugeschaut!"
Sein Kumpel fängt an zu grinsen und meint: „Herbert, hättest du dir ein vernünftiges Fernrohr gekauft, hättest du gesehen, dass das nicht meine Freundin war, sondern deine!"

Erotik-Warnung: Gut: Dein Sohn wird langsam erwachsen.
Schlecht: Er hat was mit der Nachbarin.
Schlimmer: Du auch.

Der erschöpfte Hausarzt ist gerade eingeschlafen, als ihn ein Telefonanruf weckt. „Bitte kommen Sie sofort!", bestürmt ihn eine Stimme, „unser kleiner Sohn hat ein Präservativ verschluckt!" Der Arzt zieht sich rasch an, aber noch bevor er das Haus verlassen kann, klingelt das Telefon erneut. „Sie brauchen doch nicht zu kommen, Herr Doktor", sagt eine erleichterte Stimme, „mein Mann hat gerade noch ein anderes gefunden!"

Der angehende Schwiegersohn zum angehenden Schwiegervater: „Ich rauche nicht, ich trinke nicht und ich rühre keine Spielkarten an – und ich bitte Sie um die Hand Ihrer Tochter!"
Der angehende Schwiegervater: „Das schlagen Sie sich mal aus

dem Kopf. Glauben Sie, ich will einen Schwiegersohn, der mir immer als Beispiel vorgehalten wird?"

Sex-Quiz: Warum kann der Nikolaus keine Kinder machen?
Richtige Antwort: Weil in seinem Sack nur lauter Nüsse und Mandarinen sind.

Vorsicht, es könnte eine Männerlüge sein ...
... wenn er sagt: „Nein, ich bin nicht verheiratet."

Alte Bauernregel: Wenn der Bauer nackend tanzt, sich die Magd im Stall verschanzt.

Ein Ehepaar hat Probleme beim Sex. So sehr er sich auch anstrengt, sie zeigt keine Reaktion.
Der Mann sucht Rat bei einem Arzt. Dieser untersucht ihn gründlich und stellt folgende Diagnose: „Sauerstoffmangel! Ganz eindeutig."
Der Mann sucht anschließend Rat bei seinem besten Freund, der ihm großzügig anbietet, beim „nächsten Mal" für genügend Frischluft zu sorgen. Gesagt, getan. Der Ehemann verführt seine Frau hingebungsvoll, sein Kumpel steht mit einem riesigen Fächer neben dem Bett und wedelt, was das Zeug hält ... Keine Veränderung, die Frau bewegt sich nicht, hat keinen Spaß, stöhnt kein bisschen und sagt auch nichts. Dann die göttliche Eingebung des verzweifelten Ehemannes: „Lass uns mal tauschen", sagt er zu seinem Kumpel, „vielleicht klappt's dann besser."
Gesagt, getan. Der Kumpel macht sich über die Frau her, der

Rasierte Muschi

Ehemann fächert, so gut er nur kann. Und siehe da: Die Ehefrau genießt es in vollen Zügen, ihr Unterleib bebt, sie stöhnt wie nie zuvor und kann gar nicht genug kriegen. Und schon haben wir das Problem gelöst: „Siehst du", sagt der Mann zu seinem Freund, „sooo wedelt man ..."

Sex-Quiz: Wie setzt sich die ideale Fußballmannschaft zusammen?
Richtige Antwort: In den Sturm kommen Juden, denn die dürfen nicht verfolgt werden. Ins Mittelfeld kommen Afrikaner, Chinesen und Araber, denn die machen das Spiel bunt. In die Verteidigung kommen Schwule, denn die sorgen für Druck von hinten. Und ins Tor kommt eine 50-jährige Nonne, denn die hat schon seit 30 Jahren keinen mehr hineingelassen.

Es ist doch besser, eine Frau zu sein ...
... weil du dann nach der einfachen Zubereitung einer Mahlzeit keine Grundrenovierung der Küche benötigst.

Es hat doch Vorteile, ein Mann zu sein ...
... weil Menschen dann nie einen Blick auf deine Brust werfen, wenn du dich mit ihnen unterhältst.

Ein Betrunkener wird mit einem Penisbruch ins Krankenhaus eingeliefert.
Die Ärzte lachen recht und fragen dann, wie denn das passiert ist.
Da sagt der Betrunkene:
„Wenn ich den einen finde, der die nackte Frau auf die Wand gemalt hat ..."

Männer lieben Bier manchmal mehr als eine Frau ...
... weil beim Wechsel einer Biersorte anschließend kein Unterhalt zu zahlen ist.

Es ist doch besser, eine Frau zu sein ...
... weil du dann bestimmst, ob und wann du Kinder bekommst.

Es hat doch Vorteile, ein Mann zu sein ...
... weil du dann nicht jede Nacht neben einem haarigen Arsch schlafen musst.

Es spricht nicht gerade für die Männer ...
... dass Männer an den Weißen Riesen glauben und viele andere Wunder.

Männer lieben Bier manchmal mehr als eine Frau ...
... weil ein Bier nicht fremdgeht.

Sex-Quiz:
Warum zeigen Männer so selten ihre wahren Gefühle?
Richtige Antwort: Sie haben keine.

Tierschützerin Sabine Strohsack hat einen guten Grund, das Leben lieber mit einer Miezekatze zu verbringen als mit einem Mann. Tierisches Argument: Katzen haben beneidenswert volles und glänzendes Haar.

Männer lieben Bier manchmal mehr als eine Frau ...
... weil es ein Bier nicht kümmert, wenn du nicht heimkommst.

Es spricht nicht gerade für die Männer ...
... dass sie nie kommen, wenn sie sollen.

Zwei Nutten unterhalten sich. Sagt die eine: „Mainz ist ein Drecksloch." Darauf die andere: „Mein's auch!"

Am Stammtisch. Drei Herren unterhalten sich über ihre Frauen.
Erster: „Wenn ich meine Frau hinter dem Ohr kraule – da wird die verrückt."
Zweiter: „Wenn ich meiner Frau um den Bauchnabel fahre – da wird die verrückt."
Dritter: „Wenn ich danach den Schniedelwutz an der Gardine abwische – also da wird meine aber ordentlich verrückt ..."

Ein Löwe liegt in der Wüste unter einer Palme im Schatten und schläft. Plötzlich kommt aus dem nahe gelegenen Gebüsch ein Elefant heraus und krümmt sich vor Lachen.
Der Löwe wacht auf und fragt genervt: „He, was ist so lustig, dass du dich traust, mit deinem Gelächter meinen Schlaf zu stören?"
Der Elefant antwortet: „Ich bumse Paviane!"
Darauf der Löwe: „Mach ich doch auch. Aber bei mir platzen sie nicht!"

Sex-Quiz: Was haben eine Blondine und das Bermuda-Dreieck gemeinsam?
Richtige Antwort: Sie haben eine Menge Seeleute verschlungen.

Herzlose Männer meinen, ein Computer sei besser als eine Frau ...
... weil Computer nicht wissen wollen, woher die Tasse mit Lippenstift in der Abwasch stammt.

Was ist ...
... orange und geht über die Berge?
Eine Wanderine.
Zusatzfrage: Was ist ...
... orange und schaut durchs Schlüsselloch?
Eine Spannderine.

Ein Student fällt durch das Abschlussexamen an der Universität, der Professor gibt ihm eine Eins. Student: „Weshalb bestrafen Sie mich? Verstehen Sie überhaupt etwas?"
Professor: „Ja, sicher verstehe ich etwas!"
Student: „Gut, ich will Sie etwas fragen; wenn Sie die richtige Antwort geben, nehme ich meine Eins und gehe. Wenn Sie jedoch die Antwort nicht wissen, geben Sie mir eine Sechs."
Professor: „Abgemacht!"
Student: „Was ist legal, aber nicht logisch, logisch, aber nicht legal und weder logisch noch legal?"
Der Professor kann ihm auch nach langem Überlegen keine Antwort geben und gibt ihm eine Sechs.
Danach ruft der Professor seinen besten Studenten und gibt ihm die gleiche Frage. Dieser antwortet sofort: „Sie sind 63 Jahre alt

und mit einer 30-jährigen Frau verheiratet, dies ist legal, jedoch nicht logisch. Ihre Frau hat einen 17-jährigen Liebhaber, dies ist zwar logisch, aber nicht legal. Sie geben dem Liebhaber Ihrer Frau eine Sechs, dies ist weder logisch noch legal!"

Sagt der Chef zu seiner Sekretärin, die ihn gerade verführen will: „Nehmen Sie Ihre Hand aus meiner Hose! Ich zähle bis tausend ..."

Sex-Quiz: Was macht eine Pornodarstellerin, wenn sie keine Lust mehr auf Sex hat?
Richtige Antwort: Heiraten.

Ein Hund schleicht gesenkten Hauptes durch den Wald. Er sagt ständig vor sich hin: „Ich bin ein Schwein. Ich bin ein Schwein. Ich bin ein Schwein ..."
Ein Hase wird auf ihn aufmerksam, begleitet ihn vorsichtig parallel durchs Unterholz, und als er meint, dass ihm keine Gefahr drohe von diesem merkwürdigen Waldwanderer, stellt er sich dem Hund in den Weg.
Mutig spricht der Hase ihn an: „Du, ich wohne schon ganz lange hier. Ich kenne Schweine, hier sind es vor allem wilde, und ich kenne Hunde, meistens von der Jagd. Du bist garantiert kein Schwein. Du bist ein Hund, Pfote drauf." Stutzt der Hund: „Meinst du wirklich?"
„Klar", sagt der Hase. Auf einmal fällt der Hund über den Hasen her und versucht ihn zu vergewaltigen. Der Hase protestiert vehement und schreit:
„Ja, hör mal, du kannst mich doch hier nicht einfach vergewaltigen, du Schwein!"
Gesenkten Hauptes schleicht der Hund weiter durch den Wald und sagt ständig vor sich hin: „Ich bin ein Schwein. Ich bin ein Schwein. Ich bin ein Schwein ..."

Auf einer Weide stehen vier Bullen. Einer ist 20 Jahre alt, einer 30 Jahre, einer 40 Jahre und der älteste 50 Jahre ... Da kommt eine Herde von 20 Kühen vorbei. Meint der 20-jährige Bulle zu den drei anderen: „Okay, 10 für mich, den Rest könnt ihr euch teilen!" Darauf der 30-jährige: „Na, na, wir sind vier Bullen bei 20 Kühen ... macht fünf für jeden!" Meint der 40-jährige: „Wenn sie was wollen, dann sollen sie doch herkommen!" Daraufhin der 50-jährige: „Psssst, seid doch mal leise, wenn wir Glück haben, dann haben sie uns noch gar nicht gehört!"

In einem Zoo bekam ein Affe einen Anfall von Hypersexualität. Der Affe fing an, alle Tiere zu bespringen, den Löwen, den Elefanten, den Bären und alle Tiere, die mit ihm im Gehege waren. Als letzte Möglichkeit hat der Direktor den Affen zum Zebra gesperrt. Der Biologe konnte dann jedoch seinen Augen nicht trauen. Er sah, wie der Affe sich vor dem Zebra niederkniete und flehte: „Bitte, bitte, zieh dir doch endlich den Pyjama aus ..."

Sex-Quiz:
Warum heiraten Männer Jungfrauen?
Richtige Antwort: Weil sie Kritik so schlecht ertragen können.

Alte Bauernregel:
Steigt der Eber auf den Erpel, gibt's noch lange keine Ferkel.

Ein Mann bestellt in einer Bar ein Glas Wein nach dem anderen. Da die Gläser immer randvoll sind, verschüttet er jedes Mal, wenn er das volle Glas ansetzt, ein wenig. Der verschüttete Wein dringt durch den Holzfußboden, so dass eine kleine Maus nicht

wenig davon abbekommt. Am späten Abend, als der Mann betrunken nach Hause wankt, folgt ihm die kleine Maus in Schlangenlinien. Da der Mann laut singt, öffnet sich plötzlich ein Fenster und eine Frau im Schlafrock ruft: „Ruhe jetzt da unten, sonst komme ich runter und dann setzt es aber was!"
„Dann komm doch, das wollen wir mal sehen", antwortet der Mann und boxt dabei Löcher in die Luft.
„Ja, komm nur", ruft auch die Maus, „und bring deine blöde Katze gleich mit."

Kommt ein Frosch zu einem Schäfer und singt: „Ich bin ein Negerkuss, ich bin ein Negerkuss!"
Meint der Schäfer: „Quatsch, du bist kein Negerkuss, du bist ein Frosch!"
Hüpft der Frosch beleidigt weiter. Kommt der Frosch zum Schlecker gleich um die Ecke und singt: „Ich bin ein Negerkuss, ich bin ein Negerkuss!"
Sagt die Verkäuferin: „Quatsch, du bist kein Negerkuss, du bist ein Frosch!"
Hüpft der Frosch weiter! Kommt der Frosch zu seinem Teich und singt: „Ich bin ein Negerkuss, ich bin ein Negerkuss!"
Und der Oberfrosch quakt: „Quatsch, du bist kein Negerkuss, du bist ein Frosch!" Da macht der Frosch seinen Gürtel auf und lässt die Hose fallen. Und alle Frösche des Teiches quaken laut: „Mann ist der Dickmann!"

Was sagte Frau Ludmilla, als es im Treppenhaus polterte und krachte?
„Das ist mein voller Ernst."

Neulich im Park bei Windstärke drei. Treffen sich zwei Achtzigjährige: „Na, wie geht's denn so?"
„Fantastisch, ich habe eine neue Freundin!"
„Schau an! Respekt."
„Sie ist dreiundzwanzig, nächste Woche fahren wir zusammen in Urlaub."
„Hui, wünsche viel Vergnügen, erzähl mir dann, wie's war!"
Zurück aus dem Urlaub: „Na, wie war's?"
„Fantastisch! Essen, Konzerte, Theater, es war traumhaft."
„Ja, und wie war's mit der Liebe?"
„Fast jeden Tag!"
„Fast jeden Tag?"
„Ja, fast am Montag, fast am Dienstag ...!"

Eine frisch verheiratete Blondine will eine Familie gründen. Das klappt aber nicht so ganz und so beschließt sie, zu einem Gynäkologen zu gehen. Der Arzt: „Na, dann wollen wir mal sehen. Bitte ziehen Sie sich aus und setzen Sie sich auf den Stuhl."
Darauf die Blondine: „Okay, Herr Doktor, aber eigentlich wollte ich das Baby von meinem Mann ..."

Ein Tourist geht irgendwo im Orient spazieren.
Da kommt ihm ein dicker Araber entgegen, der auf einem Esel reitet und seine Pfeife raucht. Hinter ihm trottet, ein paar Meter entfernt, seine Frau. Sie trägt auf dem Kopf ein großes Bündel und hat es schwer, ihm zu folgen.
Der Tourist sagt empört zu dem Araber: „Ich finde es unerhört, dass Sie reiten und die Frau muss mit dem Gepäck hinterherlaufen!"
Inzwischen ist die Frau näher gekommen und schreit den

Touristen wütend an: „Lass ihn in Ruhe! Oder denkst du, ich will zu Hause einen müden Mann haben?“

Zwei werdende Väter sitzen in beklagenswertem Zustand im Wartezimmer der Entbindungsklinik von Venedig. „Damit haben wir nicht gerechnet“, ärgert sich der eine, „dass das ausgerechnet am letzten Tag unseres Urlaubs passieren muss!“
„Was soll ich da erst sagen?“, entgegnet der andere. „Bei uns ist es der erste Tag der Hochzeitsreise.“

Leo ist furchtbar schüchtern. Als er in einem Hotel einen Lift besteigt, fragt ihn der Liftboy: „Welches Stockwerk?“
Flüstert Leo: „Vierter Stock, falls es für Sie kein Umweg ist.“

Sex-Quiz:
Was ist ein Kondom mit Loch?
Richtige Antwort: Eine Kinderüberraschung.

Das junge Paar hat herrliche Flitterwochen am Bodensee verbracht. Als sich die jungen Leute nach dem Urlaub beim Hotelportier verabschieden, flüstert er: „Es freut mich, gnädige Frau, gnädiger Herr, dass es Ihnen bei uns so gefallen hat. Darf ich Ihnen unser Hotel für den Fall empfehlen, falls Sie wirklich bald heiraten?“

„Warum hast du dir für die Urlaubsreise mit Uschi ausgerechnet die Strecke durch Tirol ausgesucht?“
„Ganz einfach: Da gibt es vierundzwanzig Tunnels!“

HALLO, SCHÖNES FRÄULEIN! ICH SUCHE NOCH EIN AKTMODELL! SOLLEN WIR VOR ODER NACH DEM AKT?
HABECK

Werner fragt seinen Kollegen: „Du warst doch in den Ferien am FKK-Strand. Wie fandest du denn die Miezen?“
„Na, hör mal“, antwortet der, „das war ja nun wirklich kein Problem!“

Zugfahrt nahe Zürich. „Ein schönes Pullöverli haben Sie an“, eröffnet ein Herr das Gespräch mit seiner hübschen Abteilnachbarin.
„Ja“, antwortet sie, „echtes Kamelhaar.“
„Aha, man sieht's an den Höckerli ...“

Auf einer Schiffskreuzfahrt. Eine ältere Dame steht etwas gelangweilt an Deck. Ein stattlicher junger Mann in Uniform geht an ihr vorbei. „Na, junger Mann, sind Sie hier der Kapitän?“
„Nein, ich bin der Deck-Offizier.“
Die alte Dame bekommt glänzende Augen: „Das ist ja fantastisch, welcher Service einem hier geboten wird!“

Ein Mann besucht seinen 90 Jahre alten Onkel im Krankenhaus.
„Na, Onkel, wie fühlst du dich?“
„Sehr gut, Junge, ich fühle mich sauwohl hier. Das Essen ist einwandfrei und die Schwestern sehr lieb und zuvorkommend.“
„Und schlafen kannst du auch gut?“
„Überhaupt kein Problem. Neun Stunden jede Nacht ohne aufzuwachen. Um 22 Uhr bringen sie mir eine Tasse heiße Schokolade und eine Viagra-Tablette. Ich schlafe wie ein Engel.“
Der Enkel ist schockiert und fragt eine Krankenschwester: „Stimmt das, was ich da höre? Sie geben meinem Opa täglich ei-

ne Dosis Viagra? Das kann doch nicht sein!"
„Oh doch, jeden Abend erhält er eine Tasse heiße Schokolade und eine Viagra-Pille. Die Schokolade lässt ihn gut einschlafen und die Viagra-Pille verhindert, dass er aus dem Bett rollen kann ..."

Ein Urlauber liegt gemütlich mit Sonnenbrand am Strand! Plötzlich kommt eine Fee und sagt:
„Du hast nur Gutes getan, dafür hast du drei Wünsche frei!"
Der Urlauber: „Super! Mein erster Wunsch ist – ich möchte kleiner sein. Mein zweiter Wunsch ist – ich möchte weiß sein und mein dritter Wunsch ist – ich möchte zwischen den Beinen einer Frau liegen!" Schwuppdiwupp war er ein Tampon!

Der Sexstar wird interviewt.
„Was ist Ihnen am Mann das Wichtigste?", fragt der Reporter.
„Die Intelligenz." – „Was noch?" – „Die Treue." – „Was noch?"
Jetzt reicht es ihr. „Hören Sie auf mit der blöden Fragerei, sonst sage ich die Wahrheit!"

Es empörte sich eine Mutter: „Bist du wahnsinnig! Du bist erst sechzehn und willst schon die Pille?" – „Klar, Mami, wer garantiert mir denn, dass ich noch mal zwei Jahre Glück habe?"

Eine junge Dame winkt in einem Vorort ein Taxi herbei und gibt dem Fahrer die Adresse an. Der Weg ist weit und die junge

Dame schläft ein. Leider hat der Fahrer die Hausnummer vergessen.
Er stößt schließlich das Mädchen an und fragt: „Wie war die Nummer?"
Da murmelt sie schlaftrunken: „Wunderbar, einfach wunderbar!"

Für Emanze Konstanze ist eine Gurke besser als ein Mann ...
... weil man eine Gurke nur essen braucht, wenn man Lust dazu hat.

In der Kirche der Unbefleckten Empfängnis kniet ein junges Mädchen, tief ins Gebet versunken.
„Heilige Jungfrau Maria", flüstert sie, „du, die du empfangen hast, ohne zu sündigen, gib, dass ich sündigen kann, ohne zu empfangen."

Das Kindermädchen geht mit den ihr anvertrauten Kindern in den Tierpark.
Sie kommen vor das große Affengehege, und das Kindermädchen sieht mit Entsetzen, wie sich zwei Affen paaren. In hilfloser Empörung ruft sie einem der Wärter zu, er solle dem Treiben ein Ende bereiten.
„Wie soll ich das denn machen?", fragt der Wärter.
„Geben Sie den Viechern doch ein paar Bananen", meint das Kindermädchen. Die Kinder kichern. Der Wärter grinst und fragt:
„Entschuldigung, würden Sie mittendrin für eine Banane aufhören?"

Herzlose Männer meinen, ein Computer sei besser als eine Frau ...
... weil Computer nicht fragen, wo man so lange war.

Sex-Quiz: Was ist das Gegenteil von Viagra?
Richtige Antwort: Terpentin! Denn – es macht jeden Pinsel weich!

Herzlose Männer meinen, ein Computer sei besser als eine Frau ...
... weil Computer nicht fragen, warum man das Telefon nicht abgenommen hat.

Der Chef der Gummiwarenfabrik instruiert seine Vertreter: „Mit diesem Kondom bieten wir etwas völlig Neuartiges an. Hundertprozentige Sicherheit, einfache Handhabung, erregendes Feeling ..."
Da ergänzt seine Assistentin: „... und angenehm im Geschmack."

Ein junges Mädchen im überfüllten Bus.
„Würde mir bitte einer der Herren einen Platz anbieten, ich bin schwanger."
Widerwillig erhebt sich einer der Kavaliere, mustert das junge Ding und sagt mürrisch: „Man sieht ja nichts, seit wann sind Sie denn schwanger?"
Sie, mit Triumph in der Stimme: „Seit einer Viertelstunde. Ich habe noch immer ganz weiche Knie!"

Das schon ein wenig ältere Fräulein Meier erzählt im Büro:
„Wir drehen den Fernseher immer leiser, damit die Nachbarn

nichts hören ..." Errötend meint ihre jüngere Kollegin: „Mein Freund und ich stellen ihn immer lauter, damit die Nachbarn nichts hören ..."

Zwei Schwulen brennt das Haus ab. Sagt der eine zum anderen: „Du, Jürgen, jetzt müssen wir wieder ganz von hinten beginnen ..."

Erotik-Warnung:
Wie redet sich eine Frau heraus, wenn sie keinen Sex will?
„Ich habe Migräne."
Und wie redet sich ein Mann heraus?
„Ich habe mein Viagra vergessen."

Heißer Sommertag, die Luft flimmert, im Hühnerhof ist alles ruhig, kein Federvieh, nichts draußen, alles ist im Schatten, so heiß ist es.
Plötzlich ein Krach, der Hühnerschlag wird aufgerissen, der Hahn rennt raus, rast über den Hühnerhof und schreit: „Ich habe mich geirrt – ich habe mich geirrt!"
Gleich darauf geht die Tür wieder auf, kommt 'ne Ente raus und sagt: „Das macht doch nichts ... das macht doch nichts!"

Männer lieben Bier manchmal mehr als eine Frau ...
... weil ein Bier sicher nicht denkt, Fußball sei bescheuert, aus wer weiß was für Gründen.

Meier ist in einer fremden Stadt. Er möchte etwas unternehmen. Auf dem Spaziergang durch die Stadt fragt er eine junge, attraktive Dame: „Verzeihen Sie, mein Fräulein, gibt es in dieser Stadt auch ein Vergnügungszentrum?"
„Aber klar doch, mein Herr, es steht vor Ihnen!"

Kommt ein maskierter Mann in eine Samenbank und verlangt mit hochgehobener Waffe 10 Reagenzgläser mit Samen. Die eingeschüchterte Frau hinter dem Tisch versucht dem vermutlichen Bankräuber klarzumachen, dass es sich um eine Samenbank und nicht um eine Bank handelt, in der es Geld gibt. Doch der Vermummte lässt sich nicht einschüchtern und pocht weiterhin auf seine Forderung. Missmutig geht die Frau in die Kühlhalle, holt die 10 Reagenzgläser und legt sie auf den Tresen. Der Räuber sagt: „So, jetzt trinken Sie die 10 Reagenzgläser aus!"
Die Frau ekelt sich, aber macht es nun doch Schluck für Schluck. Als sie das letzte auch leer hat, fragt sie: „Und jetzt?"
Der Bankräuber nimmt seine Maske ab und sagt freudestrahlend: „Ja, Gabi, es geht ja doch!"

Gespräch unter Arbeitskolleginnen.
Adelheid: „Warst du heute schon beim Chef drin?"
Julia: „Wieso ich bei ihm ...?"

Petra schreibt an die BRAVO-Redaktion:
„Lieber Herr Dr. Sommer, ich möchte bald zum ersten Mal mit meinem Freund schlafen. Meine Freundin hat mir gesagt, dass dabei das Jungfernhäutchen platzt.

Nun habe ich Angst, dass meine Eltern durch den Knall wach werden und uns erwischen!“

Karl fährt mit Uschi durch den Stadtwald. Nach einer Weile beginnt sie zu weinen: „Du liebst mich nicht mehr!“
Karl erstaunt: „Wie kommst du darauf?“
Uschi: „Früher hattest du hier immer eine Panne!“

„Ist das ein schöner Hund!“, sagt die Kellnerin zu dem Gast.
„Ja“, erwidert dieser, „der kann alles. Der kann sogar eine Frau glücklich machen.“
„Aber, aber“, wehrt die Bedienung ab, „das glaube ich Ihnen nicht.“ – „Probieren Sie es doch einmal aus – und kommen Sie mit ins Nebenzimmer.“
Die hübsche Bedienung geht mit. „Sie müssen sich ausziehen“, meint der Mann, „sonst klappt es nicht.“ Die neugierige Schöne zieht sich aus. Sie steht nun in all ihrer Pracht da.
„So, Bello“, sagt der Hundefreund, „jetzt mach es.“
Der Hund rührt sich nicht von der Stelle. Langsam beginnt sich sein Herr zu entkleiden, bis auch er nackt ist.
„So, Bello“, meint er dann, „das eine sage ich dir, das ist das allerletzte Mal, dass ich es dir zeige!“

Der 12-jährige Jonny war für sein Alter recht neugierig. Von seinen Klassenkameraden hat er mal was von einem Jungen gehört, der einem Mädchen den Hof machte. Nun fragte er sich, wie man so was anfängt. Deshalb fragte er seine Mutter. Anstatt es ihm richtig zu erklären, schlug sie ihm vor, sich hinter dem

Vorhang zu verstecken, da seine Schwester Nancy Besuch von ihrem Freund Mike erwartete.

Am nächsten Morgen fragte ihn die Mutter, was er denn gelernt hätte. Zur Antwort bekam sie Folgendes: „Nancy und Mike haben eine ganze Weile dagesessen und geplaudert. Aber dann hat Mike fast das ganze Licht ausgemacht und die beiden fingen an sich zu umarmen und zu küssen. Ich glaube, Nancy ist schlecht geworden, denn er fuhr ihr mit der Hand unter ihre Bluse, um nach ihrem Herzen zu fühlen, genauso, wie es der Onkel Doktor immer macht. Er war aber nicht so gut wie der Onkel Doktor, denn er hatte Schwierigkeiten das Herz zu finden und fummelte eine ganze Weile herum.

Ich glaube, dann ist auch ihm schlecht geworden, denn beide fingen plötzlich furchtbar an zu stöhnen und zu seufzen. Da sie nicht länger sitzen konnten, legten sie sich auf das Sofa. Dann bekam sie Fieber, Ich weiß es genau, denn sie sagte, sie wäre unheimlich heiß, und dann fand ich heraus, warum den beiden so schlecht war. Ein großer Aal muss in Mikes Hose gekrochen sein. Er sprang heraus und stand fast senkrecht in die Höhe. Er war mindestens 20 cm lang! Ehrlich! Jedenfalls hatte Mike ihn gepackt, damit er nicht fort konnte.

Als Nancy den Aal sah, bekam sie Angst. Ihre Augen wurden ganz groß, ihr Mund stand weit offen, und sie rief den lieben Gott. Sie sagte, dass dies der größte sei, den sie je gesehen hätte. Ha! Wenn sie wüsste, dass unten im See noch viel größere sind! Jedenfalls war Nancy sehr mutig und versuchte den Aal zu töten, indem sie ihm in den Kopf biss. Plötzlich machte Nancy ein komisches Geräusch und ließ ihn gehen. Ich glaube, dass der Aal zurückgebissen hatte.

Dann schnappte Nancy ihn und hielt ihn ganz fest, während Mike eine Art Muschel aus der Tasche holte. Diese stülpte er dem Aal über den Kopf, damit er nicht beißen konnte. Nancy legte sich auf den Rücken und spreizte die Beine. Mike legte sich auf sie. Anscheinend wollten sie den Aal zwischen sich zerquetschen,

aber der Aal kämpfte wie ein Verrückter und Mike und Nancy ächzten und stöhnten. Sie kämpften so hart, dass beinahe das ganze Sofa umgefallen wäre.
Nach einiger Zeit lagen dann beide still auf dem Sofa. Mike stand auf, und siehe da, der Aal war tot. Ich weiß das ganz genau, denn er hing so lasch da und die Innereien hingen heraus. Nancy und Mike waren zwar sehr müde, aber sie küssten und umarmten sich trotzdem. Und dann kam der große Schock! Der Aal war gar nicht tot! Er lebte noch! Er sprang hoch und fing wieder an zu kämpfen. Ich glaube, Aale sind wie Katzen – sie haben neun Leben. Diesmal sprang Nancy auf und versuchte ihn zu töten, indem sie sich auf ihn setzte. Nach einem 15 Minuten langen Kampf war er endlich tot, denn Mike zog ihm das Fell über die Ohren und spülte es im Klo herunter."

Fragt der kleine Junge seine Mutter: „Wieso hat mich der Storch gebracht? Ist Papi etwa schon impotent?"

Der Vater fragt den Freund seiner Tochter: „Sag mal, hast du letzte Nacht vielleicht das Wort ‚Liebe' in den Schnee gepisst?"
„Äh, ja, wieso?"
„Das gefällt mir aber gar nicht; ich habe nämlich die Handschrift meiner Tochter erkannt."

Es ist ein pornoschlumpfiger Schüttelreim ...
... wenn es heißt:
Was macht ihr denn, wenn er euch steht?
Wir lassen lutschen, wenn es geht!

FÜR EINE EREKTION IST MEINE WOHNUNG ZU KLEIN! KANNST DU MIR HELFEN?
HABECK

Eine verheiratete Schweizerin kommt zum Rechtsanwalt. „Herr Rat, ich möchte mich gerne scheiden lassen!"
„Ja, aber warum denn, gnädige Frau?"
„Wissen Sie, Herr Rat, mir gefällt der Name meines Mannes nicht!"
„Aber wie heißen Sie denn jetzt?"
„Lämpli, Herr Rat."
„Aha! Und was gedenken Sie nach Ihrer Scheidung zu tun?"
„Ich werde wieder heiraten."
„So, aha, und wissen Sie auch schon, wen?"
„Jawohl, Herr Rat. Den Bruder meines Mannes!"
„Aber, gnädige Frau, der heißt doch wohl auch Lämpli?"
„Natürlich, Herr Rat! Aber es ist schon ein Unterschied, ob man ein Hängelämpli oder ein Stehlämpli hat!"

Egon tanzt mit Eva ganz eng umschlungen. Plötzlich greift sich Eva in den Ausschnitt, holt ihre rechte Brust heraus und fragt ihren Tänzer: „Ist die etwa platt?"
„Nein, nein", stammelt der.
Daraufhin holt sie die andere heraus, hält sie ihm hin und fragt: „Und, ist die etwa platt?"
Egon wird knallrot und schüttelt den Kopf. „Also bitte, dann können Sie ja Ihren Wagenheber auch wieder einziehen!"

Zwei Bankräuber planen den Coup ihres Lebens. Vom Stadtrand aus graben sie einen Tunnel zum Tresorraum der Bank. Nach zwei Jahren haben sie es endlich geschafft und stehen vor den Schließfächern. Sie brechen das erste auf und finden einen Jogurtbecher. Das zweite Schließfach, wieder ein Jogurtbecher. Sie brechen alle Klappen auf. Überall steht nur ein Jogurtbecher.

Völlig entnervt sagt der eine zum anderen: „Komm, wenn wir uns schon die Mühe gemacht haben, schlürfen wir alle aus!"
Am nächsten Tag steht in der Bild-Zeitung:
Irre raubten Samenbank aus.

Herzlose Männer meinen, ein Computer sei besser als eine Frau ...
... weil Computer fremdes Parfum nicht riechen können.

Uschi: „Du kommst mir vor wie ein Löwenzahn." – „Wieso?" – „Na ja, einmal kurz geblasen und der ganze Samen ist weg!"

Sex-Quiz:
Wie heißen die Schwestern von Fix und Foxi?
Richtige Antwort: Packsie und Ficksie!

Der Beerdigungsunternehmer hat mit einem Mädchen die Nacht verbracht.
Beim Abschied fragt er gewohnheitsmäßig: „Wollen Sie ihn noch ein letztes Mal sehen?"

Irgendwo in der Nähe von Leipzig:
Ein Vater möchte seinem 8-jährigen Sohn die Tiere im Wald zeigen. Sie steigen auf einen Hochsitz. Der Junge schaut nach Norden und sieht zwei Füchse, der Vater beobachtet den Süden und erblickt eine nackte Frau.
Der Sohn ganz aufgeregt zu seinem Vater: „Baba, Figgse, Figgse!"
Daraufhin der Vater: „Nur, wennde dor Muddi nüscht soochst!"

Steigt ein Punk mit großem rotem Kamm in den Bus. Ihm gegenüber steht ein alter Mann und guckt ihn während der Fahrt nachdenklich an. Nach einer Weile fragt der Punk: „Sag mal, Opa, haste in deiner Jugendzeit nie Dummheiten gemacht?"
„Doch, ich hab da mal Hühner gefickt. Ich überlege schon die ganze Zeit, ob du mein Sohn bist!"

Sex-Quiz: Was ist der Unterschied zwischen Bungeejumping und einem Puffbesuch?
Richtige Antwort: Keiner. Der Höhepunkt ist nur sehr kurz, und wenn der Gummi reißt, hat man ein Problem.

Wussten Sie schon ...
... dass Onanieren auf Türkisch würk di Gürk heißt?

Ein Mann möchte Mönch werden. Er geht ins Kloster zum Klostervorsteher und sagt ihm das. Der sagt, dass das gar kein Problem sei. Er brauche nur in einen Raum gehen, die Hosen herunterlassen, ein Glas über seinen Schniedelwutz stülpen und wenn dann der Klostervorsteher 10 nackte Mädchen vorbeigehen lässt, sollte das Glas nicht kaputt gehen. Er macht's. Doch als die 10 nackten Mädchen vorbeikommen, macht es PLING und das Glas ist kaputt.
Der Klostervorsteher beruhigt ihn, er hätte noch zwei Chancen, soll nach Hause gehen, etwas üben und nächste Woche wiederkommen. Nach einer Woche dasselbe Spiel: In den Raum, Hosen runter, Glas drüber, 10 nackte Mädchen, PLING.
Der Mann geht frustriert heim, übt ein bisschen und kommt die darauf folgende Woche wieder. Dasselbe: In den Raum, Hosen runter, Glas drüber, 10 nackte Mädchen, PLING.
Nun sagt der Mann: „Das kann man ja nicht schaffen!"
Darauf antwortet der Klostervorsteher: „Das kann man wohl

schaffen", und lässt alle Mönche hereinkommen. Alle ziehen die Kutte runter, alle bekommen ein Glas über ihren Schniedelwutz gestülpt, 10 nackte Mädchen laufen vorbei, und ... nichts passiert.
Darauf der Mann: „Kruzifix noch amoi, das gibt's doch nicht, ach leckt's mich doch alle am Arsch!"
Und plötzlich macht es PLING, PLING, PLING, PLING, PLING, PLING, PLING, PLING, PLING, PLING, PLING, PLING und noch mal PLING!

Der Graf zur Gräfin: „Schatz, wir sind pleite. Lerne kochen und wir entlassen den Koch!" Sie gelangweilt zu ihm: „Lerne bumsen und wir entlassen den Chauffeur!"

Der Frauenarzt zur Nonne: „Das Resultat ist eindeutig, Sie sind schwanger!" Darauf die Nonne: „Ist schon verrückt, was die Leute so alles an die Kerzen schmieren!"

Sex-Quiz:
Wie nennt man Filzläuse auf Japanisch?
Richtige Antwort: Nag am sakki!

Harald Schmidt oder Franz Frauenfeind: „Viele Frauen geben beim Sex keinen Laut von sich, weil sie gelernt haben: Mit vollem Mund spricht man nicht."

Treffen sich drei Männer, sagt der erste: „Ich glaube, meine Frau hat mit einem Klempner geschlafen."

„Wie kommst du denn darauf?“
„Unter dem Nachttisch lag Klempnerwerkzeug.“
Sagt der zweite: „Ich glaube, meine Frau hat mit einem Maler geschlafen. Unter meinem Nachttisch lag ein Pinsel.“
Sagt der dritte: „Ich glaube, meine Frau hat mit einem Pferd geschlafen.“
„Wieso denn das?“
„Unter meinem Nachttisch lag ein Jockey.“

Ein Mann soll operiert werden, weil sein Penis bis auf die Erde hängt. Der Chirurg ist sich nicht schlüssig, ob er das Glied vorne, in der Mitte oder hinten verkürzen soll. Schließlich zieht er die Oberschwester zu Rate. Diese überlegt und meint dann: „Also, wenn Sie mich fragen, ich würde ihm die Beine verlängern!“

Ein verliebtes Pärchen unterhält sich: „Ach, Liebling, schenk mir doch ein Kind“, haucht sie.
Er entsetzt: „Aber Schatz, Kinder werden doch nicht geschenkt, sondern geboren!“
„Okay, dann bohr mir bitte eins.“

Treffen sich drei Stammtischbrüder, sagt der erste: „Meine Frau ist vielleicht dumm – kauft sich einen Herd und kann überhaupt nicht kochen!“ Sagt der zweite: „Meine ist noch blöder – kauft ein Auto und hat überhaupt keinen Führerschein!“
Meldet sich der dritte: „Meine ist die Dümmste – fliegt nach Paris übers Wochenende, kauft sich vorher 50 Kondome und hat überhaupt keinen Schniedelwutz!“

Es ist ein pornoschlumpfiger Schüttelreim ...
... wenn es heißt: Seid ihr Schlümpfe oft verrückt?
Nur wenn uns wer die Eier drückt!

Werner: „Ich habe keine Lust mit einem Kondom, ich fühle dann überhaupt nichts."
Susi: „Prima, endlich Gleichstand."

Ein junger Mann sitzt mit seiner neuen Freundin auf dem dunklen Parkplatz im Auto und haucht ihr ins Ohr: „Liebling, ich werde dich nun an einer Stelle berühren, wo dich wahrscheinlich noch kein Mann je berührt hat." Darauf sie erschrocken: „Du, mach keinen Blödsinn, stich mir nicht ins Auge!"

Es ist doch besser, eine Frau zu sein ...
... weil du dir dann mehr als zwei Telefonnummern merken kannst.

Es hat doch Vorteile, ein Mann zu sein ...
... weil es dann niemand interessiert, wenn du mit 34 noch Single bist.

Sex-Quiz: Warum kommen nur 10 Prozent aller Männer in den Himmel?
Richtige Antwort: Wenn alle reinkommen würden, dann wäre es die Hölle.

Männer lieben Bier manchmal mehr als eine Frau ...
... weil Biere immer in Sechserpacks kommen.

Tierschützerin Sabine Strohsack hat einen guten Grund, das Leben lieber mit einer Miezekatze zu verbringen als mit einem Mann.
Tierisches Argument: Katzen kapieren irgendwann, wie das mit dem Klo funktioniert.

Eine ältere Nonne kommt zum Frauenarzt: „Herr Doktor, ich habe ein Problem, wenn ich meine Tage bekomme, dann kommt kein Blut, sondern Briefmarken!"
Der Arzt ganz verwundert: „Gute Frau, das kann nicht sein! Sie wären ja ein biologisches Phänomen! Das kann ich nicht glauben, das muss ich sehen!"
Zwei Wochen später ist es wieder soweit. Die Nonne kommt erneut zum Arzt. Dieser, schon sehr gespannt, meint: „Machen Sie sich frei und setzen Sie sich bitte!"
Der Arzt rollt mit seinem Stuhl heran, um die Sache näher zu betrachten, und beginnt zu schmunzeln. Die Nonne völlig irritiert: „Herr Doktor, was ist denn, bitte?"
Meint der Arzt: „Gute Frau, das sind keine Briefmarken! Das sind die Aufkleber von Chiquita-Bananen!"

Eine hübsche Frau liegt am FKK-Strand, als ihr plötzlich eine Biene in die Vagina fliegt. Vorsichtig zieht sie sich an, geht zum Frauenarzt und erzählt ihm, was passiert ist. Der Arzt schaut sich das ganze Dilemma an und gibt der Frau den Tipp, dass ihr

Mann sich Honig auf den Penis schmieren soll, dann reinschieben, rausziehen und die Biene sei draußen.
Der Mann der Frau ist aber auf Geschäftsreise und die Frau bittet den Arzt, ob er es nicht machen könnte, da sie nur ihm vertrauen würde. Der Arzt ziert sich zwar erst, aber er hilft ihr dann doch. Sofort geht er in die Küche und holt den Honig, schmiert ihn auf den Penis, schiebt rein, zieht raus ... die Biene ist aber nicht dran.
Der Arzt ist verblüfft und schmiert den ganzen Honig drauf ... wieder ohne Erfolg. Erzürnt schiebt er dann rein, raus, rein, raus, rein, raus, rein ... bis die Frau sagt: „Herr Doktor, was machen Sie da?"
Er entgegnet ihr: „Mir ist jetzt alles egal, ich erschieße das Biest."

Ein Pärchen, das zwar verheiratet ist, aber nicht miteinander, macht Winterurlaub in St. Moritz. Am letzten Abend, als sie im Bett liegen, sagt sie zu ihm: „Es war wunderschön mit dir, Schatz, aber du hast mir noch nicht einmal deinen Nachnamen verraten."
„Jeder, der meinen Nachnamen hört, muss furchtbar lachen und das mag ich nicht", erklärt er.
Als sie ihm hoch und heilig verspricht, nicht zu lachen, meint er: „Also gut, ich heiße Neuschnee!"
Darauf fällt sie fast aus dem Bett vor Lachen. Als sie sich ein wenig beruhigt hat und sein beleidigtes Gesicht sieht, erklärt sie: „Ich lache nicht wegen deines Namens, vielmehr deshalb, weil mich mein Mann zum Zug gebracht hatte und zum Abschied sagte: ‚Ich wünsche dir jeden Tag 20 cm Neuschnee.'"

Verhüterli-Tipp: Hüte deine Chromosomen, spare nie an den Kondomen.

Dingsbums-Vers: Donald Duck hört Micky lallen, seine Chance, sie mal zu knallen! Er zieht sie aus und dann, oh shit, Micky ist ein Mann! Doch Donald ist ein Schwein und steckt ihn trotzdem rein ...

Sex-Quiz: Was ist der Unterschied zwischen Uncle Ben's Reis und einem männlichen Orgasmus?
Richtige Antwort: Uncle Ben's Reis klebt nicht.

Eine Frau hatte drei Töchter. Mit jeder Tochter hatte sie vereinbart, dass diese nach ihrer Hochzeitsreise berichten würde, wie denn alles so verlaufen ist. Vor allem, ob auch mit dem Sexleben alles in Ordnung ist, wollte die Mutter gerne erfahren, nur sollten die Töchter dies so dezent wie möglich mitteilen.
Als die erste Tochter von ihrer Hochzeitsreise zurückkam, rief sie ihre Mutter an und sagte nur: Milford Tea. Da war die Mutter zunächst verwirrt, bis sie eines Tages eine Milford-Tea-Anzeige in der Zeitung sah, wo zu lesen stand: „Milford-Tea-Genuss bis zum letzten Tropfen." Da war die Mutter zufrieden.
Als die zweite Tochter verheiratet war, rief sie ihre Mutter an und sagte: „Burger King." Die Mutter suchte wieder nach einer Anzeige in der Zeitung und fand sie mit folgendem Slogan: „Live Life King Size." Da lächelte die Mutter und war zufrieden.
Als die letzte Tochter nach der Hochzeit anrief, hauchte sie nur ins Telefon: „British Airways." Wieder ging die Mutter auf die Suche nach einer Anzeige und als sie diese endlich gefunden hatte, wurde sie bleich und schrie vor Entsetzen auf: „British Airways – 4-mal täglich, 7 Tage die Woche – beide Richtungen."

Wussten Sie schon ...
... dass man einen Mann auch als 80 Kilo Leberwurst bezeichnen kann?

ICH GEHE GRUNDSÄTZLICH NUR MIT LEUTEN INS BETT, DEREN NAMEN ICH WENIGSTENS KENNE. ÜBRIGENS, ICH BIN DIE PETRA.
HABECK

Regenwurm: „Es ist Frühling ... die Bienen tun's ... die Vögel tun's ... die Schmetterlinge tun's ... ich würde auch, aber ich kann nicht ... fliegen!"

Wussten Sie schon ...
... dass die Zauberflöte von Mozart ist und nicht von Beate Uhse?

Der Lehrer versucht anhand von Bildern den Kindern die Natur zu schildern. Er spricht von Tier- und Pflanzenwelt. Als zum Schluss die Glocke schellt, da sagt er zu den kleinen Wichten, sie sollen morgen ihm berichten, wie überhaupt der Mensch entsteht. Das kleine Volk steht auf und geht und bringt bei der Gelegenheit die Eltern in Verlegenheit.
Auch Reinhard ist nach Haus gekommen, er hat sich Vater vorgenommen und ihm die Frage gestellt: „Wie kommt der Mensch auf diese Welt?"
Dem Vater wird schon bang und bänger, sein Gesicht wird immer länger. Doch dann besinnt er sich und lacht: „Der Mensch, der ist aus Lehm gemacht."
Au!, denkt Klein-Reini, das ist famos, da hol ich schnell mir einen Kloß von nebenan von Töpfer Schmidt, den nehm ich dann zur Schule mit.
Ich nehm nicht so 'nen ganz großen und steck ihn einfach in die Hosen. Und als dann nun am nächsten Tage der Lehrer stellte seine Frage, erhielt er Antwort auch sogleich: „Der Mensch kommt aus dem Storchenreich."
Nur Reinhard sitzt ganz still und stumm und kramt in seiner Hose rum. Und plötzlich ruft er: „Quatsch mit Soße, ich hab das Ding in meiner Hose, womit die Schöpfung vor sich geht und wo dann draus der Mensch entsteht. Von wegen Storch, so seht ihr

aus, wenn ihr's nicht glaubt, ich hol ihn raus."
Da sagt der Lehrer ganz beflissen: „Lass ihn nur drin, du scheinst es zu wissen."

Ein Mönch und eine Nonne reiten auf einem Kamel durch die Wüste. Plötzlich fällt das Kamel tot um. Mönch und Nonne sehen ein, dass es keinen Sinn hat weiterzulaufen und machen sich auch zum Sterben bereit. Der Mönch: „Wenn ich schon sterben muss, möchte ich wenigstens einmal im Leben eine Frau nackt gesehen haben." Die Nonne versteht und zieht sich nackt aus.
Die Nonne: „Erfülle mir auch diesen einen Wunsch." Der Mönch zieht sich ebenfalls aus.
Als sie sein Ding erblickt, fragt sie, wozu das denn gut wäre. Der Mönch entzückt: „Wenn ich das bei dir hineinstecke, entsteht neues Leben!"
Darauf die Nonne: „Dann steck's doch ins Kamel und lass uns weiterreiten!"

Herzlose Männer meinen, ein Computer sei besser als eine Frau ...
... weil Computer halbwegs vernünftig Schach spielen können.

Vier katholische Mütter sitzen zusammen beim Kaffeekränzchen und unterhalten sich darüber, wie wichtig ihre Kinder sind. Die erste erzählt ihren Freundinnen: „Mein Sohn ist ein Priester. Wenn er einen Raum betritt, sagen die Leute ‚Hochwürden' zu ihm." Die zweite Katholikin säuselt: „Nun, mein Sohn ist ein Bischof. Wann immer er einen Raum betritt, sagen die Leute ‚Euer Exzellenz' zu ihm."

Die dritte sagt stolz: „Nicht dass ich euch niedermachen möchte, aber mein Sohn ist Kardinal. Wenn er ein Zimmer betritt, sagen die Leute ‚Euer Eminenz‘ zu ihm.“
Die vierte Katholikin nippt still an ihrem Kaffee. Die anderen schauen sie fragend an.
Dann sagt sie: „Mein Sohn ist ein wundervoller, 1 Meter 90 großer muskulöser Stripper. Wann immer er einen Raum betritt, sagen die Leute: ‚Oh, mein Gott!‘“

Mutter Olga Watte aus Ostfriesland schreibt ihrem Sohn:
Lieber Olaf,
ich schreibe dir diesen Brief, damit du weißt, dass ich lebe. Ich schreibe langsam, weil ich weiß, dass du nicht schnell lesen kannst. Wenn du mal wieder nach Hause kommst, wirst du unsere Wohnung nicht wiedererkennen, wir sind nämlich umgezogen.
In der neuen Wohnung war schon eine Waschmaschine. Ich tat 14 Hemden hinein und zog an der Kette. Die Hemden habe ich bis heute nicht wiedergesehen.
Vater hat jetzt eine neue Arbeit. Er hat 500 Leute unter sich. Er mäht jetzt den Rasen auf dem Friedhof.
Letzte Woche ist Onkel Oskar in einem Whisky-Fass ertrunken. Einige Männer wollten ihn retten, aber er leistete heftigen Widerstand. Wir haben ihn verbrennen lassen.
Es hat drei Tage gedauert, bis wir ihn gelöscht hatten.
Onkel Otto hat sich den Penis abgeschnitten. Beim Kauf eines Rasiermessers stand in der Gebrauchsanweisung: Wenn stumpf, am Riemen abziehen.
Beim Geschlechtsverkehr ist Onkel Benno erstickt. Auf der Schachtel Stand: Präservativ stramm über den Kopf ziehen.
Vor 14 Tagen ist in unserem Dorf ein großes Unglück passiert. 10 Männer sind beim Anschieben eines U-Bootes ertrunken.
Deine Schwester Jutta hat gestern ein Baby bekommen. Da wir

nicht wissen, ob es ein Junge oder Mädchen ist, weiß ich auch nicht, ob du Onkel oder Tante geworden bist.
Es hat letzte Woche nur siebenmal geregnet, erst 3 Tage, dann 4 Tage. Es hat so gedonnert, dass unser Huhn viermal dasselbe Ei gelegt hat.
Am Dienstag sind wir alle gegen Erdbeben geimpft worden.
Alles Liebe deine Mutter
PS: Ich wollte dir noch Geld mitschicken, aber ich habe den Brief schon zugeklebt ...

Was eine Frau beim Anblick eines nackten Mannes besser nicht sagen sollte: „Ich muss weg."

Sex-Quiz: Warum tragen Frauen beim Fallschirmspringen immer Tampons?
Richtige Antwort: Damit es unterwegs nicht pfeift!

Wussten Sie schon ...
... dass der Weltfrauentag früher Frühjahrsputz hieß?

Sex-Warnung: Frauen sind wie Fluglotsen. Wenn sie nicht wollen, kann keiner landen.

Nach 10 Jahren Ehe erklärt er seiner Frau:
„Du, ich habe eine Geliebte. Aber reg dich nicht auf, Karl und Werner haben auch eine und deren Frauen haben sich prima damit abgefunden. Unsere Freundinnen tanzen alle im Ballett der Galaxie-Bar. Heute Abend gehen wir sie anschauen. Geh doch

mit, wenn du willst.“ Sie will. Während der Vorstellung erklärt er ihr: „Dort links, die Blondine, ist die von Karl, die in der Mitte ist die von Werner und die mit den roten Haaren, das ist meine.“ Lange und genau schaut die Ehefrau die drei Mädchen an. Dann sagt sie: „Weißt du was, Schatz, unsere gefällt mir am besten!“

Wenn man das Alter der Frauen vergleicht, dann wären ...
... 20 bis 30 Jahre heiß wie Afrika.
... 30 bis 40 Jahre wild wie Asien.
... 40 bis 50 Jahre auf der Höhe der Technik wie Amerika.
... 50 bis 60 Jahre abgewirtschaftet wie Europa.
... ab 60 Jahren fern vom Verkehr wie Australien.

Alte Bauernregel:
Sitzt der Hahn auf einer Krähe, war kein Huhn in seiner Nähe.

Wussten Sie schon ...
... dass Sex-Witze-Autoren deshalb oft eine Brille tragen, damit sie sich beim Einschlafen nicht mit dem Bleistift ins Auge stechen?

Sex-Quiz:
Was haben ein Beamter und eine Jungfrau gemeinsam?
Richtige Antwort: Beide warten auf den Ersten.

Dingsbums-Vers: Ritter Kunibert mit Stinkersocken, der wollte einmal kräftig bocken, doch weil sein Sack war schlaff und leer, schrie er ganz laut: „Schnell Viagra her!“ Kaum dass er Viagra intus hatte, stand ihm seine Riesenlatte. Er spricht frohgelockt:

„Viagra ist ein wahres Glück, die Vorhaut geht von selbst zurück.“

Franz Frauenfeind: „Ich hab mich oft gefragt: Kann man eigentlich die Küche steuerlich absetzen, als Arbeitszimmer für die Frau?“

Emanze Konstanze: „Forscherinnen haben herausgefunden, warum Moses mit dem Volk Israel 40 Jahre durch die Wüste zog: Männer konnten noch nie nach dem Weg fragen.“

Werner zu seiner neuen Eroberung: „Ich bin kein Mann für eine Nacht. Ich werde schon nach ein paar Stunden müde.“

Ein Pärchen liegt zusammen im Bett. Er: „Ich werde dich zur glücklichsten Frau der Welt machen!“
Sie: „Ich werde dich vermissen.“

Franz liegt auf dem Sterbebett. Seine Ehefrau hält die Nachtwache bei ihm. Sie lässt seine zitternde, zerbrechliche Hand nicht los und Tränen rinnen an ihrem Gesicht entlang. Sie betet und durch ihr Beten weckt sie ihn aus seinem leichten Schlaf. Ausgemergelt sieht er zu ihr auf und seine weißen Lippen bewegen sich schwach. „Liebste Helga ...“, flüstert er leise.

„Sei ruhig, mein Liebling“, antwortet sie. „Ruhe dich aus. Pssst, sprich nicht.“
Doch er gibt keine Ruhe. „Helga ...“, sagt er mit einer müden Stimme. „Ich ... ich muss dir etwas gestehen.“
Schweiß rinnt ihm über die Stirn, seine Hand verkrampft sich.
„Du musst mir nichts gestehen“, antwortet die weinende Helga. „Es ist alles in Ordnung, schlaf ... schlaf.“
„Nein, Helga. Nein. Ich muss in Frieden sterben. Ich ...“, schnauft er und holt pfeifend Luft. „Ich habe mit deiner Schwester, deiner besten Freundin, ihrer besten Freundin und deiner Mutter geschlafen!“
„Ich weiß“, antwortet Helga ihn beruhigend. „Darum habe ich dich ja auch vergiftet, mein Schatz.“

Sex-Quiz: Was ist Mut?
Richtige Antwort: Wenn ein Mann nur mit einer Badehose bekleidet in die Oper geht.
Zusatzfrage: Was ist Übermut?
Richtige Antwort: Wenn er die Badehose an der Garderobe abgibt.
Zusatzfrage zur Zusatzfrage: Was ist Schlagfertigkeit?
Richtige Antwort: Wenn die Garderobenfrau fragt: „Wollen Sie den Knirps nicht auch noch abgeben?“
Zusatzfrage zur Zusatzfrage der Zusatzfrage: Und was ist die Krönung der Schlagfertigkeit?
Richtige Antwort: Wenn der Mann darauf erwidert: „Nicht nötig, ich habe einen Ständer!“

Wussten Sie schon ...
... dass der gute Ruf einer Frau auf dem Schweigen mehrerer Männer beruht?

Erotik-Warnung: Wenn eine Frau nicht spricht, sollte man sie um Himmels willen nicht unterbrechen.

Wussten Sie schon ...
... dass viele Frauen nicht wissen, was sie wollen, aber fest entschlossen sind, es zu bekommen?

Sigmund Freud im Originalton: „Die große Frage, die ich trotz meines dreißigjährigen Studiums der weiblichen Seele nicht zu beantworten vermag, lautet: ‚Was will eine Frau eigentlich?'"

Entlarvte Sex-Lüge: „Es ist nicht wahr, dass Frauen einen Mann suchen, der viel arbeitet. Es genügt ihnen einer, der viel verdient."

Tierschützerin Sabine Strohsack hat einen guten Grund, das Leben lieber mit einer Miezekatze zu verbringen als mit einem Mann.
Tierisches Argument:
Katzen schleppen nichts ins Haus; keine Computer- oder Autozeitschriften, keine alten Autoteile und auch keine Musterpullis von Mama.

Alte Bauernregel: Wenn's draußen windet, schneit und wettert, der Bauer auf die Bäuerin klettert.

Sex-Quiz: Was ist der Unterschied zwischen einer 6-Jährigen, einer 17-Jährigen, einer 27-Jährigen und einer 37-Jährigen?
Richtige Antwort: Die 7-Jährige bringt man ins Bett und erzählt ihr ein Märchen, der 17-Jährigen erzählt man ein Märchen, um sie ins Bett zu kriegen, die 27-Jährige ist ein Märchen im Bett und die 37-Jährige sagt: „Erzähl keine Märchen und komm ins Bett!“

Ein Mann kommt spät in der Nacht nach Hause. Seine Frau fragt ihn: „Was machst du denn für ein Gesicht?“
Ihr Mann antwortet: „Wenn ich Gesichter machen könnte, hättest du schon lange ein Neues!“

„Was ist denn mit dir los?“, fragt der Wirt den unglücklichen Stammgast. „Ach, meine Frau ist mit meinem besten Freund durchgebrannt“, seufzt dieser. „Und jetzt ist alles so sinnlos ... ohne ihn!“

Ein Mann von 47 Jahren, sehr bemüht, jung auszusehen, entscheidet sich, an seinem Geburtstag das Gesicht liften zu lassen. Er lässt die Operation machen und verlässt mit seinem neuen Gesicht überglücklich die Klinik. An einem Zeitungskiosk hält er an, kauft eine Zeitung und fragt den Verkäufer: „Sag mal, mein Freund, nehmen Sie es mir nicht übel, aber ich würde Sie gerne etwas fragen: Wie alt schätzen Sie mich?“
Der Kioskverkäufer antwortet: „Hm, weiß nicht, so um die 30.“
Der Mann freut sich und sagt: „Ha! In Wirklichkeit bin ich 47.“
Später geht der gute Mann in ein Kaffeehaus, bestellt einen Kaffee und fragt den Kellner dasselbe. Dieser sagt: „Na ja, ich schätze Sie so etwa auf 28.“ Der Mann, jedes Mal ein Stückchen

IHR MANN SAGT, SIE PASSEN NICHT ZU IHM!
MEIN MANN IST EIN TROTTEL! ICH PASSE SEHR GUT ZU IHM!
HABECK

mehr von sich überzeugt, antwortet: „Nein, ich bin 47." Auf dem Weg nach Hause nimmt er den Bus und setzt sich neben eine alte Frau. Wieder fragt der Mann: „Verzeihen sie, meine Dame, wie alt schätzen Sie mich?"
Die Alte schaut ihn nachdenklich mit ihrem faltigen Gesicht an und antwortet ihm: „Sehen Sie, mein Sohn, ich bin bereits 85 Jahre alt und ich kann nicht mehr richtig sehen. Aber als ich jung war, hatte ich eine Methode, das Alter von einem Mann zu erraten. Ich habe meine Hand in seine Unterhose gesteckt und habe dann jedem sein genaues Alter sagen können."
Der Mann zögert ein wenig, da aber sonst niemand im Bus sitzt, denkt er: Na ja, okay, schauen wir mal und sagt der Alten, sie solle mit ihrer Aufgabe beginnen. Diese steckt die Hand in seine Unterhose und nach einer Weile, etwa 10 Minuten, sagt die Frau: „Sie sind 47 Jahre alt."
Der Mann ist verblüfft und sagt: „Aber das ist ja unglaublich! Sagen Sie mir, wie Sie das machen!"
Und die Alte antwortet: „Ich saß im Kaffeehaus hinter Ihnen!"

Für Emanze Konstanze ist eine Gurke besser als ein Mann ...
... weil es leicht ist, eine Gurke fallen zu lassen.

Die Ehefrau des Direktors zur neuen Sekretärin: „Ich hoffe nur, Sie sind nicht so leicht flachzulegen wie Ihre Vorgängerin."
„Wer war denn das?" – „Ich."

Sitzen zwei Kumpel sternhagelvoll in ihrer Stammkneipe.
Sagt schließlich der eine: „Okay, wer den Kürzeren zieht, muss

zahlen.“ Brüllt der Wirt von der Bar herüber: „Ich sag es euch Chaoten zum letzten Mal: Macht eure Hosen wieder zu! Dazu nimmt man Streichhölzer!“

Meier ist gestorben. Nach einigen Wochen trifft die Witwe auf der Straße den Pfarrer: „Sagen Sie, liebe Frau Meier, hat Ihr Mann denn wenigstens ein gutes Ende gehabt?“
Seufzt Frau Meier: „Ja, er hatte sogar ein sehr gutes. Leider hat er es aber mitgenommen!“

Sex-Quiz:
Was haben ein Sarg und ein Kondom gemeinsam?
Richtige Antwort: In jedem ist ein Steifer.
Zusatzfrage: Und was ist da der Unterschied?
Richtige Antwort: Der eine kommt, der andere geht!

Sex-Quiz:
Wie nennt man eine Frau, die jeden Abend ganz genau weiß, wo ihr Mann ist?
Richtige Antwort: Witwe.

Sex-Quiz:
Warum nehmen Frauen immer ihre Handtasche mit auf die Toilette?
Richtige Antwort:
Damit sie auch was in der Hand haben.

Wussten Sie schon ...
... dass die Steigerung von Frauenpower auch als Rinderwahnsinn bezeichnet wird?

Es hat doch Vorteile, ein Mann zu sein ...
... weil du dann die gleiche Arbeit hast, aber das bessere Einkommen.

Ein junges Ehepaar sitzt beim Abendessen. Der Mann erkundigt sich: „War das Essen wieder aus der Dose?“
„Ja, mein Schatz, und stell dir vor, es war so ein süßer Hund darauf abgebildet und daneben stand geschrieben: ‚Für Ihren Liebling!‘“

Emanze Konstanze weiß ...
... dass das Leben wie das männliche Geschlechtsorgan ist: „Klein, schrumpelig und viel zu kurz, um wirklich Spaß zu haben!“

Susi Steilzahn wird von ihrem Nachbarn Franz Doderl bei einer zufälligen Begegnung im Hausflur angesprochen: „Ich muss Sie bitten, mich innerhalb von acht Tagen zu befriedigen, sonst muss ich mich an die Öffentlichkeit wenden.“

Neulich in der Herrenkleiderabteilung:
„Mein Mann braucht dringend eine neue Hose für seine Tätigkeit als Musiker, da er in der alten Hose keine Musik mehr machen kann.“

Casanovas Weisheitsspruch:
„Eunuchen, vereinigt euch! Ihr habt nichts zu verlieren!“

Dingsbums-Vers:
Ein Mädchen vom Lande zog an einem Ding,
was zwischen Po und Beine an einem Beutel hing.
Sie zog es immer länger, bis sich ein Strahl ergoss,
der zwischen ihren Beinen in eine Ritze floss.
Das ist die Magd, die melkt die Kuh,
du alte Sau, was dachtest du?

Es ist ein pornoschlumpfiger Schüttelreim ...
... wenn es heißt: Könnt ihr denn Orgasmus haben?
Ja, doch müssen wir uns plagen!

Bauer Ferdinand zum Nachbar Josef: „Der Orgasmus eines Schweins dauert 30 Minuten!“
Josef: „In meinem nächsten Leben wäre ich gerne ein Schwein.“

Zungenbrecher-Dingsbums: Das Schleimschwein schleimt schweinisch im Schleim, im Schleim schleimt schweinisch das Schleimschwein.

Treffen sich zwei Kettenraucher. Fragt der eine: „Du, Karl, was heißt denn eigentlich Marlboro?“
Karl: „Das ist eine Abkürzung!“
Werner: „Wofür?“
Karl: „Manch alter reicher Lustmolch bumst ohne richtigen Orgasmus.“

Was man beim Bettgeflüster vermeiden sollte ...
... zu sagen: „Och wie süüüüß."

Meint Optiker Ludwig Linse: „Die weit verbreitetste Augenkrankheit, die uns leider keinen einzigen Cent bringt, ist die Liebe auf den ersten Blick."

Kommt eine Frau zum Arzt: „Herr Doktor, Herr Doktor, meine Spirale ist zu lang." – „Dann kommen Sie doch erst einmal herein."
„Oink ... oink ... oink ..."

Susi Steilzahn ist beim Arzt und soll sich freimachen. Sagt Susi: „Wie alle Männer! Mir geht's nicht gut und Sie denken nur an Ihr Vergnügen!"

Müllers feiern goldene Hochzeit. Das Paar wird nach dem Geheimnis ihrer immer noch glücklichen Ehe gefragt. Antwortet Herr Müller: „Wir nehmen uns zweimal in der Woche Zeit, gut essen zu gehen, tanzen und tauschen Zärtlichkeiten aus. Sie dienstags, ich freitags."

Eines Tages trat der Herr vor Adam und sagte: „Adam, es ist an der Zeit, dass du und Eva die Welt bevölkert, so gehe nun und fange an, Eva zu küssen!"

Und Adam fragte: „Bitte, was ist ein Kuss?“

Und der Herr sprach: „Hier, Adam, hast du eine Anleitung, da steht drin, was Küssen ist.“

Und Adam verschwand mit Eva hinter dem Busch und küsste sie!

Begeistert kam Adam hinter dem Busch wieder hervor und sagte: „Herr, das war wundervoll.“

Und der Herr sprach: „Ja, Adam, und jetzt gehe und verwöhne Eva, indem du sie am ganzen Körper streichelst.“

Und Adam fragte: „Herr, was ist Streicheln?“

Und der Herr erwiderte: „Hier hast du eine Anleitung und nun gehe und verwöhne Eva.“

Und Adam verschwand erneut mit Eva hinter dem Busch und kam nach einigen Stunden zurück.

Vollauf begeistert sagte er: „Herr, das war noch viel schöner als Küssen, es war einfach wunderbar.“

Und der Herr sprach: „Ja, Adam, und jetzt kommt noch etwas viel Schöneres, gehe und habe Sex mit Eva.“

Und Adam fragte: „Was ist Sex?“

Der Herr gab ihm eine Anleitung und sprach: „Gehet jetzt und vermehret euch.“

Und Adam ging wieder hinter den Busch zu Eva, aber schon nach zwei bis drei Sekunden kam er zurück und fragte: „Herr, was sind Kopfschmerzen?“

Silvia kommt aus dem FKK-Urlaub zurück. Kurz darauf steht fest: Sie ist in anderen Umständen.

„Von wem ist das Kind?“, stellt ihr Vater sie zur Rede.

„Vermutlich vom Herrn Meier ...“

„Was soll das heißen?“

„Ich bin mir nicht sicher, Papa. Aber da war ein Herr Meier aus München, der ist beim Bockspringen nie rübergekommen.“

Pantoffelheld Franz Doderl zu seiner neuen Eroberung: „Na gut, ich habe nicht so viel Muskeln wie Arnold Schwarzenegger, habe nicht so viel Haare wie ein Rockmusiker, sehe nicht aus wie Brad Pitt, aber ich lecke wie Lassie!"

Sagt die Hollywood-Diva: „Seit der Trennung von meinem Mann wurde jeder notwendige Verkehr durch meinen Rechtsanwalt erledigt."

Auf der Polizeiwache: „Wie heißen Sie?"
„Mein Name ist Vorhaut."
„Und was machen Sie da?"
„Ich ziehe mich jetzt zurück!"

Casanovas Weisheitsspruch:
„Lieber fünf vor zwölf als eine nach eins!"

Ein Mann geht ins Luxusbordell und marschiert mit einer üppigen Schönheit aufs Zimmer. Als er wieder herauskommt, erhält er von Madame 3000 Euro. Erstaunt steckt er das Geld ein, geht am nächsten Tag wieder hin, verschwindet mit einer Dame im Zimmer und bekommt anschließend 1000 Euro von Madame. Einige Tage danach geht er wieder mit einer Lady aufs Zimmer, als er fertig ist, muss er an der Kasse 300 Euro zahlen. Erstaunt fragt er: „Warum?"
„Die ersten Male waren Sie live im Fernsehen, jetzt nicht mehr!"

Franz Zapfl hat 3 Eier! Meint er zum benachbarten Fahrgast im Bus: „Wetten, wir haben zusammen 5 Eier?“
Meint der Sitznachbar: „Was? Sie haben nur ein Ei?“

Karl zu Werner: „Weißt du, was es bedeutet, nach Hause zu kommen, zu einer Frau, die dich liebt, die zärtlich zu dir ist und auch leidenschaftlich?“
Werner: „Nö.“
Karl: „Es bedeutet: du bist in einer fremden Wohnung gelandet!“

Huber geht in die Apotheke, um Kondome zu kaufen. Er bekommt weiße, schwarze und mit Mickymaus bedruckte zur Auswahl.
Huber entscheidet sich für die schwarzen. Es kommt, wie es kommen muss – 9 Monate später bringt Frau Huber ein Kind zur Welt – es ist dunkelhäutig.
Einige Jahre später fragt das Kind: „Papi, warum bist du weiß, Mutti auch und ich bin schwarz?“
Antwortet Huber: „Sei ruhig und freue dich, dass du nicht Mickymaus bist.“

In einem Zweifamilienhaus wohnt im 1. Stock ein Arbeiter, jung, gesund, drei Jahre verheiratet, vier Kinder. Unten im Erdgeschoss wohnt ein Beamter, ebenfalls drei Jahre verheiratet, aber bislang noch ohne Nachwuchs, was ihn sehr wurmt. Deshalb passt er eines Tages den Nachbarn ab, wie dieser von der Arbeit kommt, und sucht bei ihm Rat: „Hör mal, was soll ich bloß machen? Ich bin schon so lange verheiratet, aber wir kriegen keinen Nach-

wuchs, und bei euch in drei Jahren vier Kinder! Kannst du mir nicht mal ’nen Tipp geben?“
„Das ist ganz einfach. Du brauchst bloß ein Stück Seife und einen Besen.“
„Ein Stück Seife und einen Besen, und dann?“
„Wenn du morgen Abend nach Hause kommst, nimmst du das Stück Seife, bringst deine Frau ins Bad und wäscht sie von Kopf bis Fuß sauber.“
„Von Kopf bis Fuß. Okay, und dann?“
„Und dann nimmst du den Besen und klopfst auf die Decke, dann komm ich gleich runter.“

Müller kommt nach Hause gerast und erzählt seiner Frau von einer neuen, supertollen Liebestechnik. „Du legst dich jetzt aufs Bett und spreizt deine Beine. Ich klettere auf den Schlafzimmerschrank und dringe dann mit einem Panthersprung in dich ein.“ – „Au fein“, freut sich die Frau. Müller klettert also auf den 2 Meter hohen Schrank, ist oben angekommen und will gerade zum Sprung ansetzen, da verliert er das Gleichgewicht. Er fällt rückwärts herunter, knallt mit dem Hinterkopf gegen die Schranktür, reißt sich im weiteren Fallen die Schneidezähne am hervorstehenden Schrankschlüssel heraus und donnert schließlich mit der Stirn auf die Bettkante. Die Frau steht auf und sieht ihrem Mann einige Sekunden zu, der tierisch röchelnd und stöhnend auf dem Boden liegt, und meint schließlich: „Ist aber eine megablöde Nummer! Davon hast ja nur du was ...“

Kommt ein Mann zum Arzt und klagt, dass es in seiner Ehe sexuell nicht mehr so läuft. Daraufhin gibt ihm der Arzt ein Fläschchen und sagt: „Geben Sie hiervon Ihrer Gattin ein paar

ICH
HASSE
BLIND-DATES!
HABECK

Tropfen in den Wein zum Abendessen, dann bekommt sie schon wieder Lust!"
Gesagt, getan, bekommt die Frau ein paar Tropfen ab. Denkt sich der Mann: Wenn das Zeug wirklich was nützt, sollte ich es auch probieren. Er nimmt einen Schluck!
Der Abend geht vorbei, die beiden gehen ins Bett! Nichts passiert!
Plötzlich wacht sie mitten in der Nacht auf und meint: „Jetzt brauche ich einen Mann."
Darauf wacht er auf und meint: „Ich auch!"

Alle Sekretärinnen sind sich einig: Wenn der Chef wieder einen zweideutigen Witz erzählt, verlassen alle das Büro. Der Chef kommt. „Meine Damen, da liegt ein Schiff im Hafen, mit ausgehungerten, starken Matrosen ..." Sofort stürzen alle zur Tür.
„Aber meine Damen, das Schiff bleibt doch noch drei Tage ..."

Der Ehemann kommt unerwartet früher als geplant von einer Geschäftsreise nach Hause. Als er aus dem Auto aussteigt, sieht er vor seinem Haus zwei Italiener herumstehen. Also geht er auf die beiden zu und fragt misstrauisch: „Was geht hier vor?"
Daraufhin dreht sich der eine Italiener um und sagt: „Nix vor. Erst Luigi, dann ich und dann du ...!"

Nach 10 Jahren Ehe absolviert das sexmüde Paar seinen Pflichtabend. Plötzlich sagt er: „Himmel, habe ich dir wehgetan?" – „Nein, wieso?" – „Ach, nichts. Ich hatte nur für einen Moment den Eindruck, du hättest dich bewegt ..."